を平日の夜に取り入れたら、なんでもない1日がすごく幸せに感じられて気持ちにゆとりが生まれました。

お友達を家に呼んでお茶会も開くようになり、紅茶や道具を揃えるのも、アフタヌーンティーに行くのもすべてが楽しくて、紅茶を生活に取り入れたら、毎日の楽しさや幸せ度がかなりアップし、いつも前向きな気持ちでいられるようになりました。

そして、広告代理店を退職したのを機に紅茶の講師の資格を取り、紅茶の情報サイトを作り、大好きだった紅茶は気がつけば私のお仕事になっていました。アフタヌーンティーマニアとしてテレビにも出演させてもらいました。

紅茶は人を幸せにする飲み物だと思っています。自分を大切にする気持ち、大切な人を思いやる気持ちを言葉にすることはなかなかできませんが、丁寧に淹れた紅茶はその気持ちを代弁してくれると思います。本書では読者の皆さんにも手軽に紅茶のある生活を楽しんでいただけるよう、コツをまとめました。紅茶のおいしさだけでなく、ハッピーを一緒に伝えることができたら、とてもうれしいです。

——安達由香里

おうちで楽しむためのアフタヌーンティー LESSON
プロが教える「心満たすお茶会」のコツ

CONTENTS

あいさつ……002

CHAPTER1

まずは紅茶を
よく知ることから始めましょう

プロ級のセンスを磨く

Part 1
茶葉にくわしくなる
その1 茶葉の「等級」を知る……010
その2 茶葉の「水色」を知る……012
その3 茶葉の「産地」を知る……014
インド／アッサム・ダージリン・ニルギリ
スリランカ／ウバ・ディンブラ・キャンディ・
ヌワラエリヤ・ルフナ・
サバラガムワ・ウダプッセラワ
中国／キームン　インドネシア／ジャワ
ネパール／ネパール　ケニア／ケニア
その4 茶葉のベストな保存の仕方……030
その5 自分好みの茶葉を見つける……032

Part 2
道具とカップにくわしくなる
その1 紅茶をおいしく淹れる道具……038
その2 紅茶をおいしくする
カップの秘密……042

Part 3
紅茶をおいしく淹れるルールをマスター
1・ストレートティー2種……050
リーフティー・ティーバッグ
2・アイスティー3種……056
オンザロック・2度取り方式・水出し方式
3・ミルクティー3種……060
手鍋で作る・贅沢なミルクティー・
マグカップで
4・アレンジティー4種……064
ティースムージー・セパレートティー・
スルーツアイスティー・ティーシロップ

CHAPTER2

様々な種類の紅茶に合う
お菓子を探しましょう

紅茶とティーフードのマリアージュ

Part 1 定番ティーフードを作る

スコーン……072
ビスケット……074
キュウリのサンドイッチ……076

Part 2 「ティーフード40」に合う紅茶を見つける

ケーキ……082/086
焼き菓子……083/088
和菓子……084/090
スナック菓子……092
フルーツ……085/093
ペアリングパーティーを開きませんか？……094

CHAPTER3

心を込めてお茶を淹れ、
友人と優雅なひとときを

アフタヌーンティーを楽しむ

心を込めたおもてなしとは……102
Happy New Year | 女友だちとお茶会……106
Spring | 花のティーパーティー……108
With family at Weekend | 家族が集う……110
Summer | 北欧のミッドサマーパーティーを……112
Summer | 暑気払いお茶会……114
Autumn | 青空の下でピクニックティー……116
Christmas | クリスマスを心待ちにアドベントを……118

美しいヨーロッパの王妃を想って
STORY TABLE ……120
・イギリスに喫茶の習慣を持ち込む -キャサリン王妃-
・最愛の人を失った悲しみをなぐさめる -ヴィクトリア女王-
・紫が大好きだった -エリザベート皇后-
・野の花を愛する可愛い女性 -マリーアントワネット王妃-

COLUMN

私のお気に入りカップたち……046
目覚めから就寝まで 英国式紅茶のある生活……096
お茶会の話題に……008 / 036 / 048 / 070 / 078

まずは紅茶をよく知ることから始めましょう

CHAPTER 1

プロ級のセンスを磨く

Improve your professional skills

COLUMN

お茶会の話題に

1

おいしく淹れるために
「待つ」ことは「優雅」なこと

世の中はスピードアップがよしとされ、「時短」や「効率化」がもてはやされているように感じます。でも、紅茶とつき合うようになって「待つ」ことは楽しいことだと知りました。

一杯のお茶でも、ポットを温めたり、蒸らしたり、最後のゴールデンドロップは自然に落ちきるまで静かに待ちます。この待ち時間は私にとっては至福の時間。こうして丁寧に淹れたお茶だからこそ、「あーおいしい」、「心がホッとする」と感じるのかもしれません。余裕をもって過ごす時間を持つこと。それが「優雅」に通じるのではないでしょうか。

Part 1

紅茶をおいしく淹れる
茶葉にくわしくなる

茶葉は現在20か国以上で栽培され、産地は
年々増えています。紅茶をおいしく淹れるにはまず、こ
の茶葉のプロフィール知り、その特徴を活かして
淹れることがおいしい紅茶への近道です。

等級
grade

═その1═

茶葉の等級を知る

ここから茶葉の「等級・水色・産地」について基本的なことを紹介します。
まず等級です。等級は茶葉の大きさや形状を示します。

茶葉の等級（グレード）というと品質の格づけのように思われがちですが、そうではなく、茶葉の大きさと形状のことです。茶葉を摘んで乾燥させ紅茶にした段階（荒茶）では、茶葉の大きさはまちまち。ここから大きさを分けるのですが、これをグレーディングといいます。

グレーディングで、抽出時間のバラツキを少なくしたり、ブレンドをしやすくします。茶葉の大きさにより抽出時間は異なります。細かい葉は抽出時間が短く、大きな葉は長くかかります。これを一緒にして抽出をすると、渋味や香りなどのバランスが悪い、おいしくないお茶になってしまいます。

おいしい紅茶を淹れるには、茶葉の大きさ、グレードはとても大切なことなのです。茶葉のサイズは、形がそのまま残っているフルリーフと、細かくカットするブロークンリーフに分けられます。

フルリーフとブロークンリーフ

フルリーフの方が味や香りが上質というわけではありません。
あくまで茶葉の大きさを区別する名称です。

ブロークンリーフ

ブロークン・オレンジ・ペコー BOP（Broken Orange Pekoe）

OPと同じ茶葉を2mm程度にカットしたもの。ウバやディンブラはこの形状のものが多い。

ブロークン・ペコー BP（Broken Pekoe）

Pの茶葉をカットしたもの。BOPよりサイズは大きい。

ブロークン・ペコー・スーチョン BPS（Broken Pekoe Souchong）

PSの茶葉をカットしふるいにかける。BPより大きい。

ブロークン・オレンジペコ・ファニングス BOPF（Broken Orange Pekoe Fannings）

BOPをさらに細かく。ティーバッグによく使用。

ファニングス F（Fannings）

BOPSをふるいにかけたもの。主にティーバッグに使用。

ダスト D（Dust）

Fより細かい茶葉。ダストだからといって低級品というわけではなく、上質なものから低質なものまで様々である。主にティーバッグに使われる。

フラワー・オレンジ・ペコー

ブロークン・オレンジ・ペコー

オレンジ・ペコー

ブロークン・オレンジ・
ペコー・ファニングス

ペコー

CTC

フルリーフ

フラワー・オレンジ・ペコー FOP (Flower Orange Pekoe)

新芽から一番目の花芯が多めに入ったOP。

オレンジ・ペコー OP (Orange Pekoe)

新芽から2番目の若い葉を細くねじった、10mm前後の大きな茶葉。渋味が出にくく、ダージリンのように高品質の紅茶に使用されることが多い。ペコーとは中国語で「若い芽」の意味。オレンジといってもオレンジの香りはしない。水色が淡くオレンジに近いからこの名が。

ペコー P (Pekoe)

OPよりやや堅い葉。5～7mmの大きさでやや太い。

ペコー・スーチョン PS (Pekoe Souchong)

Pよりも堅い葉。

スーチョン S (Souchong)

PSよりも丸みがあり葉は大きくて堅い。

◆ CTC

上記のオーソドックス製法と異なり、茶葉の原型をとどめていない茶葉。機械を使って細かくした茶葉を丸くまとめたCTC製法によって作られた茶葉をいう。CTCとはクラッシュ（つぶす）、ティアー（引き裂く）、カール（丸める）の略。抽出時間が短いのでティーバッグによく利用される。

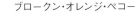

＝その2＝

紅茶の「水色」を知る

目の前に紅茶が出され、顔がほころぶのは紅茶の「水色」を見たときでしょう。実に神秘的できれいな色です。色を見るだけでもホッとします。

紅茶の色は何色だと思いますか?紅茶だから赤っぽい茶色?と思ってしまいますが、実際には薄い黄色から黒褐色まで実にいろいろな色があります。

紅茶の色は「水色（すいしょく）」と呼び、様々な表情を見せてくれるところは、まさに紅茶の顔といえます。同じ産地の紅茶でも、季節や等級によっても水色は異なります。

例えば春に摘まれるダージリンのファーストフラッシュは薄い黄色や薄いオレンジ色で、ちゃんと抽出されていないのでは、と思ってしまうほど薄い色。同じダージリンでも夏に摘まれるセカンドフラッシュはしっかりしたオレンジ色、秋に摘まれるオータムナルは淡いオレンジや赤味がかったオレンジ色と、実に表情が豊かです。

キャンディをはじめほとんどの紅茶は茶褐色ですが、特徴のある水色では、ウバ、アッサム、ケニアは鮮やかな赤（鮮紅色）で、ルフナは黒褐色、キームンは緑がかったオレンジです。

水色が異なるのは紅茶の成分の影響です。タンニンが多いと色が濃く、少ないと薄いと一般にはいわれていますが、他の成分とのバランスで、必ずしもそうとは限りません。水色はとても繊細なのですね。

紅茶は味と香り、そして水色の違いも楽しみたいもの。もちろん雰囲気も大切ですね。

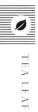

ダージリン

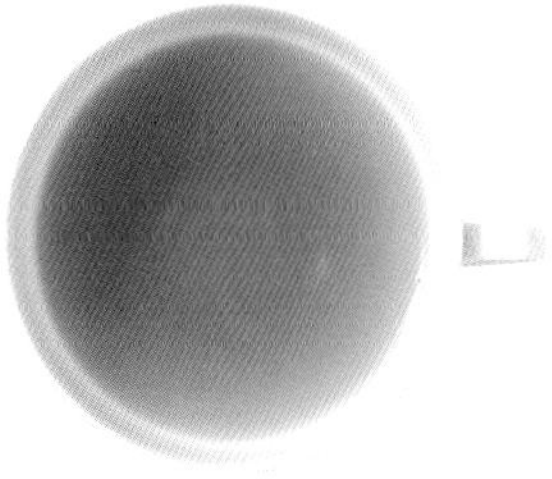

キームン
緑がかったオレンジ色

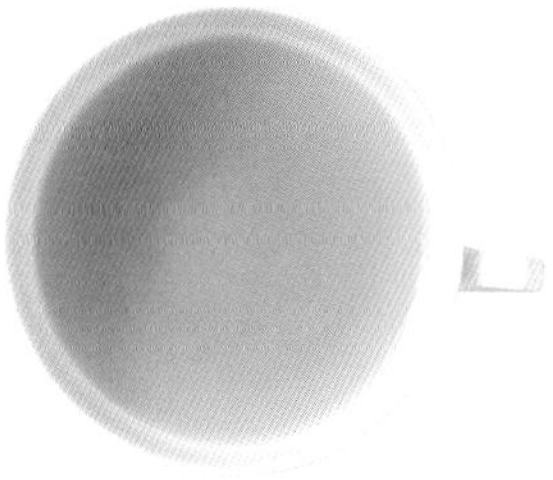

ファーストフラッシュ
薄い黄色がかったオレンジ色

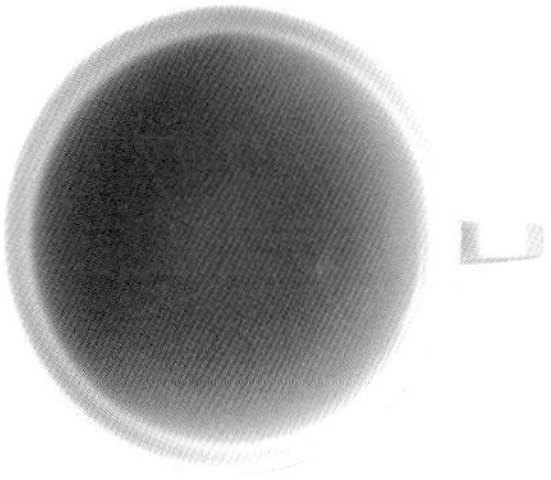

ウバ
鮮やかな紅色

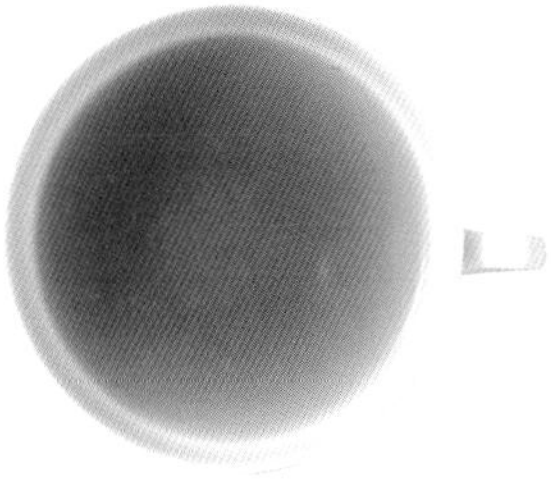

セカンドフラッシュ
濃いめのオレンジ色

同じ産地でも
季節や等級によって
水色は異なります。

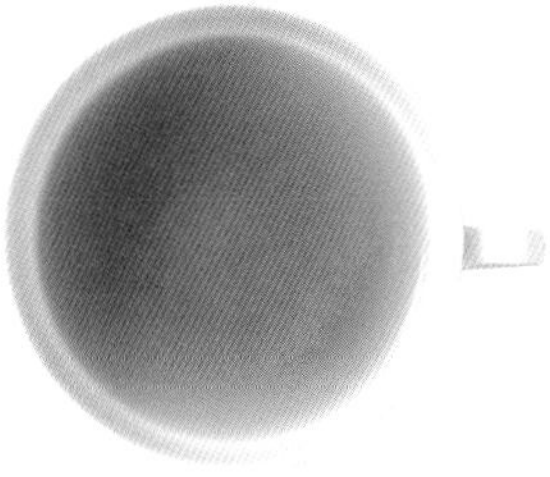

オータムナル
赤みがかったオレンジ色

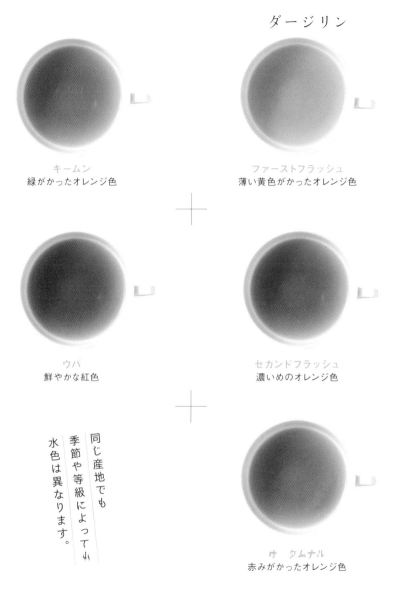

―その3―

茶葉の産地を知る

インド、セイロンなど茶葉を作っている国は世界で20数か国あります。主な産地で作られる紅茶の特徴を紹介。好きな紅茶を見つける参考にしてください。

茶樹は主に2種類ある

紅茶の原料であるチャノキは、ツバキ科の常緑樹で学名は「カメリア・シネンシス」。緑茶もウーロン茶もこの樹の新芽が原料で、加工方法が異なります。茶葉を発酵させないのが緑茶、半発酵がウーロン茶、完全に発酵させているのが紅茶です。チャノキを大別すると2種類あります。紀元前に中国で発見された中国種と、約200年前にインド北東部のアッサムで発見されたアッサム種です。

　アッサム種は中国種と異なり茶葉は大きく成長も早いので、ほとんどの産地がアッサム種を作るようになりました。中国種の代表はダージリン。ゆっくり成長をしながら味・風味を蓄えているところが紅茶の王様らしいですね。

　2種の他にも、産地の気候や土壌に適した個性的な品種が栽培さています。

紅茶の生産地は増え続けている

紅茶生産量のトップはインド、次いでケニアで、スリランカ、インドネシア、中国を加えた5か国で世界の紅茶生産量の4分の3を占め、「5大紅茶生産国」と呼ばれています。

　紅茶を生産している国は20数か国あり、最近、注目されているのはネパールやバングラデシュ、トルコなど、個性のある紅茶を作る努力がされています。生産量が落ちていた日本の紅茶「和紅茶」も近年再注目され生産量も少しずつですが増えています。

NAME I

甘い香りでしっかりとしたコク

アッサム（インド）

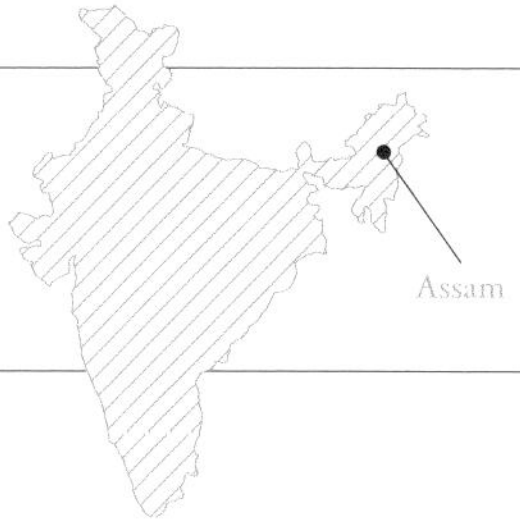

世界一の紅茶生産国インドの中で、一番生産量が多く、約半分も占めているのがアッサムです。

インド北東部のアッサムで紅茶の原料であるチャノキが発見されたのは1823年。紅茶に適した茶葉だったことから、アッサムは世界的な産地となりました。

アッサムはクオリティーシーズンが年3回あり、よくリーフティーで出回っているのはセカンドフラッシュ。ファーストフラッシュはあっさりと、セカンドフラッシュは濃厚なコクがあります。

栗やサツマイモに似た甘い香りがあるアッサムは、モンブランやスイートポテトと相性抜群。バニラとも相性がよく、カスタードクリームや生クリーム、チーズを使ったスイーツにも合います。

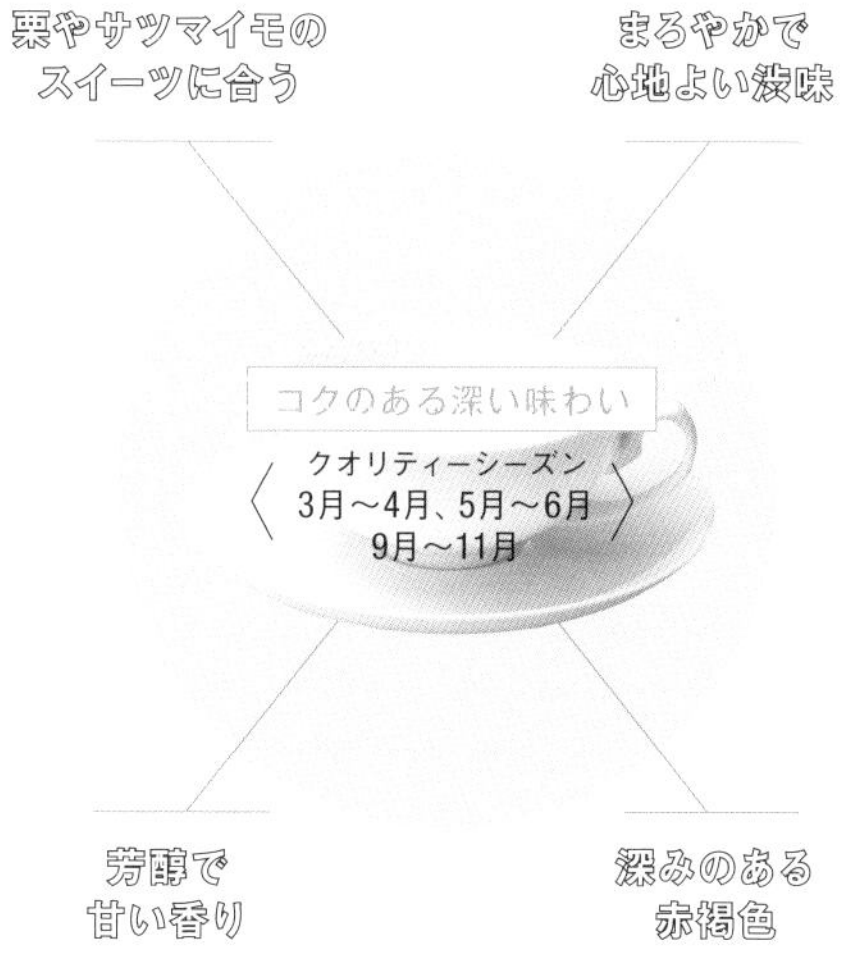

茶葉の特徴

ファーストOP

セカンドOP

アッサムは9割がCTC製法、1割がオーソドックス製法のリーフティータイプ。CTCは渋味が強く、ミルクティーにピッタリ。

おいしい飲み方

あっさりとした飲み心地のファーストフラッシュはストレートで、濃厚なコクのセカンドフラッシュはストレートでもミルクティーでも楽しめます。ティーバッグはミルクティーが◎。

❶カップは浅いものを

ストレートでアッサムの紅茶らしい赤褐色の水色を楽しむなら、浅いカップがおすすめです。

❷ベストな蒸らし時間（基本）

▷CTCとリーフティー：ストレートならCTCは1分半、リーフは3分、ミルクティーならCTCは3分、リーフは4分。

▷ティーバッグ：ストレートティーなら1分半、ミルクティーなら2分半。

← アッサムによく合うお菓子はp82～を見てね。

NAME
2

圧倒的な香り、味わいに感動

ダージリン（インド）

ファーストフラッシュ

その年の一番最初に採れるダージリン。清々しいフレッシュな香り、淡い水色、渋味がありながらも柔らかい旨味を感じます。

セカンドフラッシュ

夏に摘まれたダージリン。あらゆる紅茶の中でも一番香り高く、フルーティーな香りがあり、濃い水色、キリッとした味わいがあります。

ウバ、キームンと並ぶ世界三大銘茶のひとつですが、いちばん有名なのがダージリンではないでしょうか。紅茶の生産量が世界1位のインドの中で、たった1%しか作られず、最近の年間生産量はわずか1トンほど。知名度が高くさらに希少な紅茶なのです。

ダージリンにはクオリティーシーズンが年3回あります。中でも評価が高いのがファーストフラッシュとセカンドフラッシュで、香りも味も異なる個性をもっています。香りはファーストフラッシュが若葉を思わせるフレッシュ感、セカンドフラッシュはフルーティーな感じ。特に上質のものにはマスカットのような香りがあります。味わいもファーストフラッシュは柔らか、セカンドフラッシュはキリッとした飲み心地です。

秋に摘まれるオータムナルは、渋味が少なく、爽やかさと後味に甘みも感じます。

おいしい飲み方

<ファーストフラッシュ>
香りがよく、旨味成分たっぷりのファーストフラッシュは、ストレートでいただくのが一番おすすめです。

❶水出しアイスティー
一般に紅茶は1回しか抽出しませんが、ダージリンは2回抽出してもおいしい紅茶が楽しめます。おすすめは水出しアイスティー。1煎目を淹れたティーポットが冷めたら、そこに水を入れ冷蔵庫で冷やすだけです。

❷ベストな蒸らし時間（基本）
▷リーフティー :ストレートなら3分、ミルクティーなら4分。
▷ティーバッグ:ストレートなら2分、ミルクティーなら3分。

<セカンドフラッシュ>
「紅茶のシャンパン」と呼ばれるセカンドフラッシュの香りとおいしさを味わうには、ホットのストレートが一番。

❶オンザロック式アイスティー
芳醇な香りはアイスティーでも楽しめます。オンザロック方式がおすすめですが、水出しでもおいしい。

❷ベストな蒸らし時間（基本）
▷リーフティー :ストレートなら3分、ミルクティーなら4分。
▷ティーバッグ:ストレートなら2分、ミルクティーなら3分。

<オータムナル>
ストレートまたは水出しアイスティー。

❶さっぱりめのスイーツに合う
爽やかでありながら、まろやかなコクと甘みがある紅茶なので、アップルパイ、フルーツタルトなどと一緒に。

❷ベストな蒸らし時間（基本）
▷リーフティー :ストレートなら4分、ミルクティーなら4分半。
▷ティーバッグ:ストレートなら2分、ミルクティーなら3分半。

茶葉の特徴

OP

ファーストフラッシュ
緑色の茶葉が含まれていて、発酵の浅い緑茶に近い味わいはこのため。伝統的オーソドックス製法で作られます。

OP

セカンドフラッシュ
葉がしっかりとしてきた夏摘みの茶葉は、色は明るい茶色で、香り、風味、コクと年間で最も評価が高い。

OP

オータムナル
厚みのある濃い茶色の茶葉。香りがとびやすいので鮮度を大切に。主流のOPサイズは抽出時間を長めに。

ダージリンパーティーを毎年開く
ダージリン大好きが高じて、毎年セカンドフラッシュが出揃う6月に、飲み比べ会をしています。ダージリンは茶園により、フルーティーさや渋味、香ばしさなど表情が随分異なります。いくつかの茶園の茶葉を10種類ぐらい購入し、その年のセカンドフラッシュを楽しみます。

← ダージリンによく合うお菓子はp84～を見てね。

NAME 3

個性はないがスッキリした味わい

ニルギリ（インド）

ニルギリはインドの南、ニルギリ丘陵が産地の紅茶です。山の緑が目にまぶしい景色から「青い山」、ニルギリの名がついたのでしょう。ニルギリ紅茶には青葉のような香りがあり、上質のものは柑橘系のフルーツのような香りがほのかにします。

ニルギリは同じインドが産地のダージリンやアッサムのように個性的ではありませんが、酸味や渋味の少ない飲みやすい紅茶を求めている方におすすめします。ただ、産地の標高に差があるので、茶園により印象が変わる一面があり、飲み比べてみると自分好みのニルギリに出合えるかもしれません。また、アレンジティーにも使いやすく、お菓子にも合わせやすいので、常備しておきたい紅茶ですね。

茶葉の特徴

ニルギリの茶葉は、長さ2～3mmにカットしたBOPサイズが主流。茶葉をそのまま加工したOPやCTCもあります。

← ニルギリによく合うお菓子はp84～を見てね。

おいしい飲み方

クセのないニルギリは軽めに淹れてストレートティーに、しっかり淹れればミルクティーに。また、タンニンが少ないのでクリームダウンが（p56参照）起きにくいのでアイスティーにも向いています。

❶カップは浅いものを

特徴があまりないニルギリは背の低いカップで飲んだほうが、風味が豊かに感じられます。

❷ベストな蒸らし時間（基本）

▷リーフティー：ストレートなら蒸らし時間は2分半、ミルクティーなら3分半。

▷ティーバッグ：ストレートティーなら1分半、ミルクティーなら2分半。

NAME 4

パンチの効いた渋味が魅力

ウバ (スリランカ)

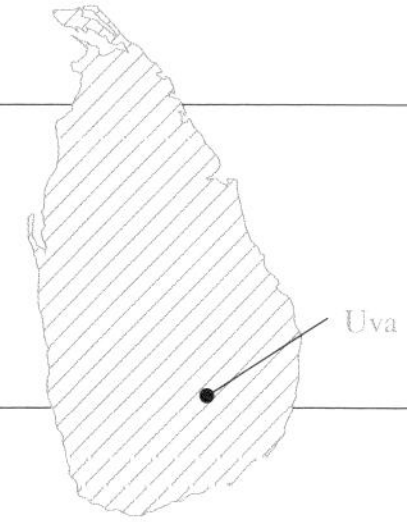

世界三大銘茶のウバ。スリランカの有名な産地が中央山脈の西側にあるのに対し、ウバは東側にあるので、クオリティーシーズンが他の産地と異なります。

ウバは刺激的な渋味と、「ウバフレーバー」と名づけられたメントール系のすっきりとした香りが特徴です。上質のものはバラのような香りも感じられ、渋味の鋭さも際立っています。しっかりした味と、独特の香りがあるからウバが三大銘茶に選ばれたのです。

クオリティーシーズンのウバの水色は透明度が高く、上質のものはゴールデンリングと呼ばれる金の輪が見えます。シーズン外のものは、色合いが濃くなります。

茶葉の特徴

BOP

キレのある渋味とウバフレーバーを際立たせるため、BOPが主流。数少ないOPは香りを存分に楽しめるのでストレートがおすすめ。

おいしい飲み方

強い渋味とメントール系のフレーバーはミルクティーにピッタリ。とくにロイヤルミルクティーにすると、ウバの刺激的な渋味が奥深さを感じさせ、濃厚な味わいになります。

❶自分好みに調整

ウバの強い渋味は人によって好き嫌いが分かれるので、茶葉の量や蒸らし時間を変えて自分好みに調整をしましょう。

❷ベストな蒸らし時間(基本)

▷リーフティー :ストレートなら蒸らし時間は2分、ミルクティーなら3分。
▷ティーバッグ:ストレートティーなら1分、ミルクティーなら2分。

← ウバによく合うお菓子はp86〜を見てね。

NAME
5

味も香りもバランスよし
ディンブラ（スリランカ）

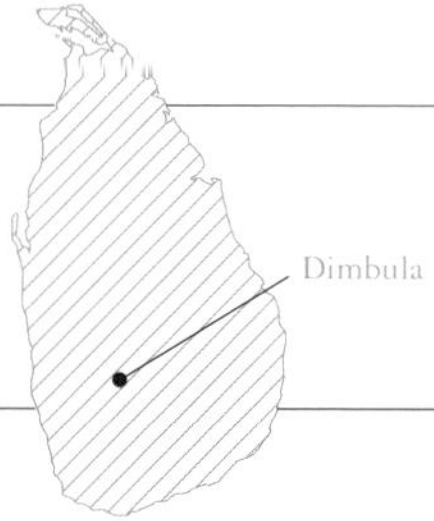

味も香りもバランスのいいディンブラは、あらゆる紅茶の中で「もっとも紅茶らしい紅茶」といわれます。ストレートやミルクティーはもちろん、アレンジティーに向いていて、使い勝手が抜群。まさに紅茶の優等生なのです。

セイロン茶の中で、標高1300m以上の高地で生産される紅茶を「ハイグロウンティー」と呼び、ディンブラもそのひとつ。高地特有の香り豊かな紅茶です。1年を通して安定した品質の紅茶が採れますが、北東モンスーンの乾いた風が吹くクオリティーシーズンのものは、バラのような華やかな香りがあり、高い評価を得ています。

茶葉の特徴

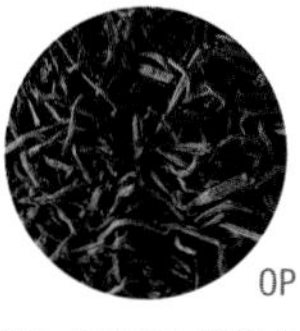
OP

BOP

黒みを帯びた茶褐色のディンブラの茶葉は、オーソドックス製法で茶葉を2mm程度にカットしたBOPサイズが主流。

← ディンブラによく合うお菓子はp82〜を見てね。

おいしい飲み方

ストレートでもミルクティーでも、おいしくいただけます。アレンジティーを作るときにも便利です。クリームダウン（p56参照）が起こりにくいので、アイスティーもおすすめです。

❶ティースカッシュも楽しめる

濃いめに煮出したディンブラに砂糖を入れてティーシロップを作り、紅茶らしい色のティースカッシュに。

❷ベストな蒸らし時間（基本）

▷リーフティー：ストレートなら蒸らし時間は2分、ミルクティーなら3分。
▷ティーバッグ：ストレートティーなら1分、ミルクティーなら2分。

NAME
6

香りや風味が優しくまろやか

キャンディ（スリランカ）

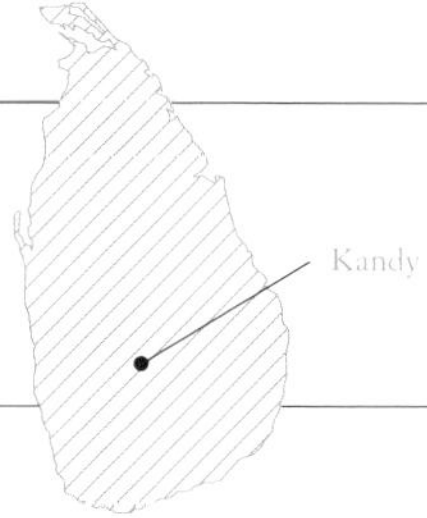

セイロン（現スリランカ）はコーヒー栽培が盛んな国でしたが、スコットランド出身のジェームス・テーラーが最初の茶園をキャンディに作り、栽培に成功。テーラーは「セイロンティーの父」といわれ、キャンディはセイロンティー発祥の地として有名になりました。

キャンディは香りや風味、渋味もおだやかで優しく、バランスのよい紅茶です。クセがないので飲みやすく、アレンジティーにも幅広く使えます。特に水色が美しく、紅茶らしいきれいな色が楽しめます。食事にも合わせやすく、特にトマトと相性抜群。トマトの繊細な酸味と、キャンディのほどよい酸味がマッチしています。

茶葉の特徴

OP

BOP

キャンディの茶葉は明るめの茶色。OP、BOPともによく見かけ、OPはストレート、BOPはミルクティーが私の好み。

← キャンディによく合うお菓子はp85～を見てね。

おいしい飲み方

ほんのり甘い香りがあり、口当たりも爽やかなのでストレートやアレンジティーに。抽出時間を長めにすれば、ミルクティーにも。さっぱりしたミルクティーが好きな人におすすめ。

❶フルーツとクリームに合う

ほんのり甘く風味が優しいキャンディは、クリームとフルーツを使った繊細なスイーツにピッタリ合います。

❷ベストな蒸らし時間（基本）

▷リーフティー：ストレートなら蒸らし時間は３分、ミルクティーなら4分。
▷ティーバッグ:ストレートティーなら2分、ミルクティーなら3分。

NAME
7
香り高く緑茶のような爽快な渋味
ヌワラエリヤ（スリランカ）

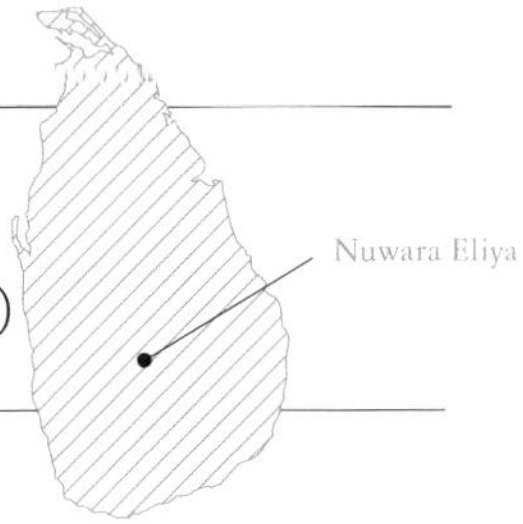

スリランカには7大産地がありますが、標高が一番高いところにあるのがヌワラエリヤ。昼夜の寒暖差が激しいため、茶葉はゆっくりと成長。コクと渋味が増し、旨味成分もたっぷり含まれる味わい深い茶葉になります。

香りも凝縮されるので、セイロンティーの中でも香り高い紅茶として知られ、若葉のような香りがあり、上質のものは花の甘い香りも。緑茶に似た風味があるので、日本人の口に合います。

ヌワラエリヤを中心にセイロンティーのみでブレンドされた、通称「リプトンの青缶」と呼ばれる「エクストラクオリティ セイロン」は私も大好きな銘茶です。

茶葉の特徴

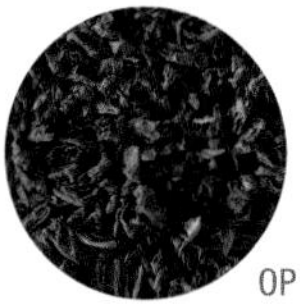
OP

クオリティーシーズンのものは渋味が強く、抑えるために茶葉をカットしないOPサイズが主流。シーズン外ではBOPの茶が多い。

おいしい飲み方

クオリティーシーズンのものはストレートのほうが香りを楽しめます。シーズン外やBOPのものはミルクティーで。コクと渋味があり、香り高いので爽やかなミルクティーになります。

❶和菓子と合わせても
若葉のような香りと花の香りが同居し、桜の葉の香りを思わせるので、桜餅などの和菓子にも合います。

❷ベストな蒸らし時間（基本）
▷OPサイズ:ストレートで3分半。
▷BOPサイズ:ストレートティーなら3分、ミルクティーなら4分。

← ヌワラエリヤによく合うお菓子はp86～を見てね。

NAME
8

スモーキーな大地の香り

ルフナ（スリランカ）

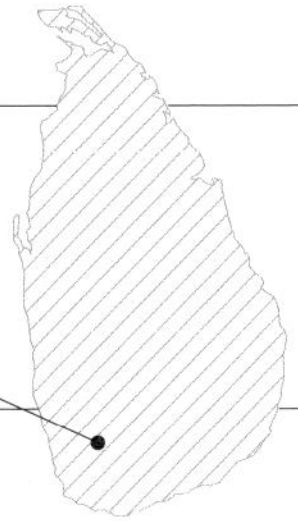

セイロンティーは地名が紅茶名になっていますが、ルフナは別。スリランカは昔、3つの国に分かれていて、その一つがルフナ王国でした。南を表す言葉通り、紅茶の産地の中で一番南に位置し、標高も低く、気温が高いので茶葉の成長も早く、葉も大きくなります。

ルフナは知名度こそ高くありませんが、コクがあるのに渋味が少なくマイルドな紅茶。ほんのりとスモーキーで、大地の香りが感じられます。高品質のものは黒蜜のような甘い香りも。水色が濃いのは発酵が強い証拠で、発酵のよさから深いコクが生まれます。ミルクティーにするときれいな亜麻色になるのでおすすめです。

茶葉の特徴

BOP

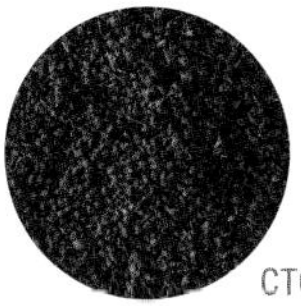
CTC

ルフナの茶葉はBOPサイズが主流ですが、茶葉が大きいので同じBOPでも大きさが違うものもあります。CTCの茶葉もあり。

← ルフナによく合うお菓子はp86〜を見てね。

おいしい飲み方

ストレートでもおいしい紅茶ですが、一般的にはミルクティーに合うとされています。ちょっぴりスモーキーなルフナはスパイスとも相性がよく、チャイやモルドワインティーに合います。

❶モルドワインティーに

ワインの代わりにブドウジュースを使い、リンゴ、オレンジ、スパイスを加えて煮出し、ルフナと合わせます（p118参照）。

❷ベストな蒸らし時間（基本）

▷リーフティー：ストレートなら蒸らし時間は3分、ミルクティーなら4分。

▷ティーバッグ：ストレートティーなら1分、ミルクティーなら3分。

NAME
9

黒糖のような甘い香りとコク

サバラガムワ（スリランカ）

スリランカには数年前から新しい紅茶の産地が登場しました。それまではスリランカの紅茶の産地はウバ、ディンブラ、ヌワラエリヤ、キャンディ、ルフナが5大産地として紹介されていたのですが、ウダプッセラワとサバラガムワの2つが追加されて、7大産地として紹介されるようになりました。

サバラガムワはもともとルフナのエリアに入っていたのですが、ルフナを北部と南部に分けて北をサバラガムワ、南をルフナと呼ぶように。ルフナに隣接するとはいえ、サバラガムワの紅茶はルフナのようなスモーキーさはあまりなく、甘味とコクが感じられ、渋味もマイルドなので飲みやすい紅茶です。

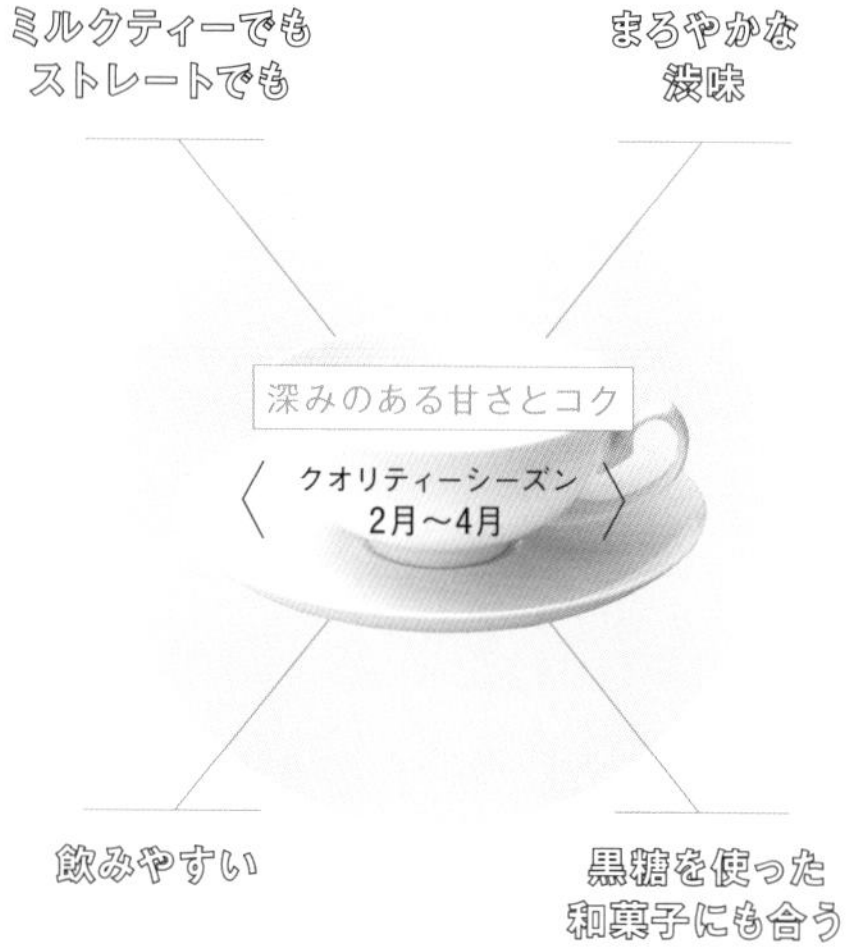

茶葉の特徴

BOP

茶葉に黒褐色ゴールデンチップが含まれるものも。BOPサイズが主流。茶葉を丸めたCTCの茶葉も生産されています。

おいしい飲み方

ミルクティーに合う紅茶と紹介されることが多いようですが、ストレートでもおいしいですよ。

❶お菓子とのマリアージュ

サバラガムワの特徴である深みのある甘い香りは黒糖や蜂蜜の香りに似ているので、お菓子も黒糖や蜂蜜を使ったものだと相性バツグンです。

❷ベストな蒸らし時間（基本）

▷リーフティー :ストレートなら蒸らし時間は3分、ミルクティーなら3分半。

▷ティーバッグ:ストレートなら2分、ミルクティーなら3分。

NAME 10

適度な渋味でさっぱりとした味わい

ウダプッセラワ（スリランカ）

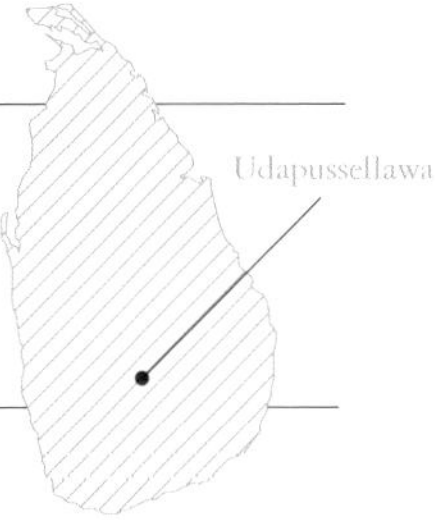

ウダプッセラワはスリランカに誕生した新しい産地です。場所はウバとヌワラエリヤの間に位置しキャンディとも隣接。ウバだった地の大部分とヌワラエリヤの一部が、ウダプッセラワと名づけられたのです。

２つの産地が合わさったので、スリランカの紅茶としては唯一、クオリティーシーズンが２回ある産地となりました。ヌワラエリヤだった茶園は１月〜２月頃に、ウバだった茶園は６月〜９月頃にクオリティーシーズンを迎えます。

ストレートでもミルクティーにも合う紅茶といわれていますが、香りがよくマイルドな味わいなので、ストレートをおすすめします。

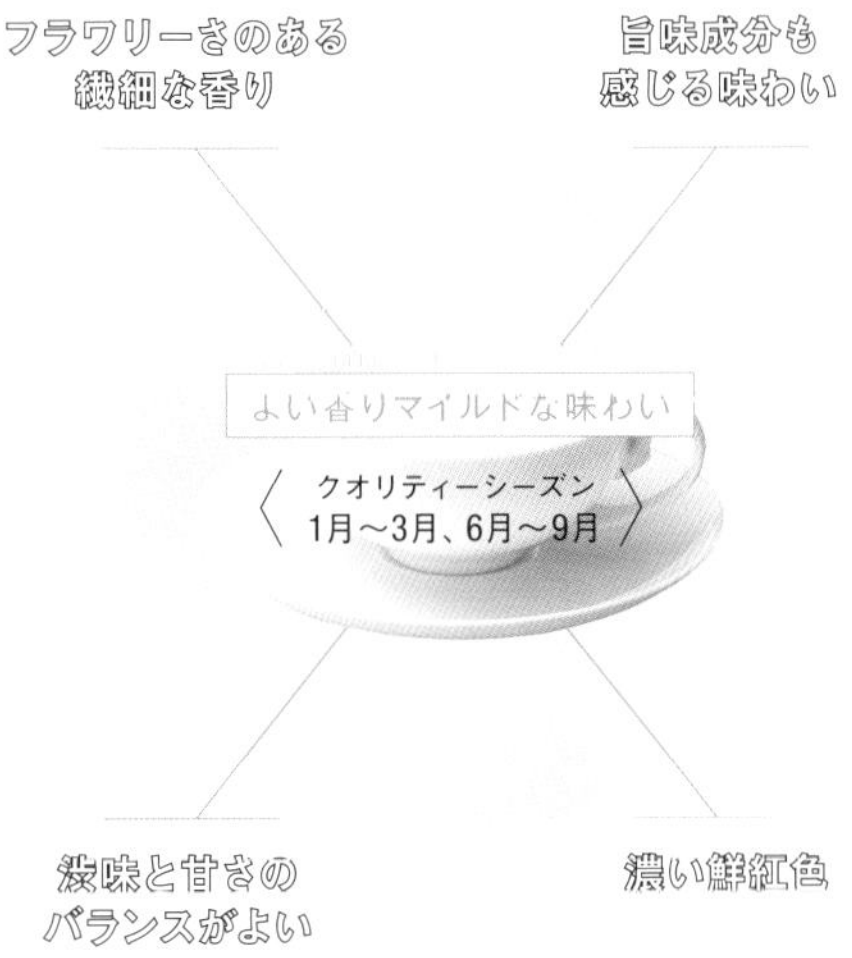

茶葉の特徴

OP

ウバ、ヌワラエリヤ、キャンディに隣接しているため、エリアによって茶葉の表情も様々。主流はBOPですがOPも。

おいしい飲み方

ウダプッセラワはスッキリしながらも、旨味も感じられる紅茶。スイーツにも合わせやすいのですが、お食事のときにいただく紅茶として特におすすめです。

❶様々な茶園のものを試して

茶園によりその味わいが異なるので、いろいろと試して自分好みを見つけてください。

❷ベストな蒸らし時間（基本）

▷リーフティー：ストレートなら蒸らし時間は3分、ミルクティーなら4分。

▷ティーバッグ：ストレートなら1分、ミルクティーなら2分。

NAME

II　通好みの芳醇な味と香り　キームン（中国）

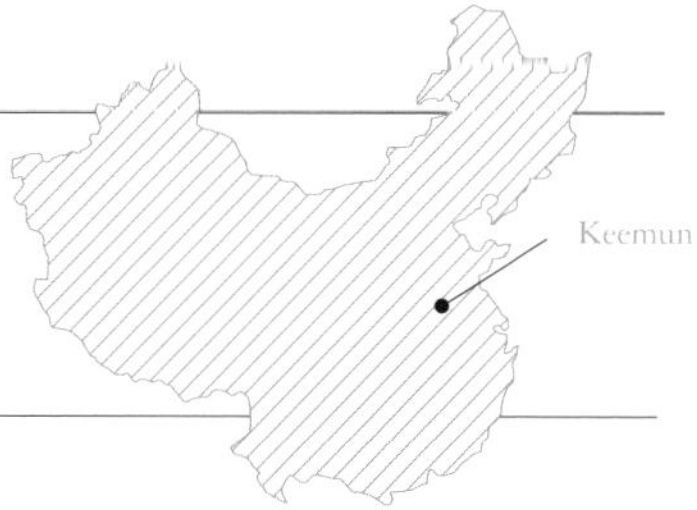

キームンはスモーキーな香りが特徴で、最上級のものには「キームン香」と呼ばれるバラや蘭のような芳香があります。

　中国西部のキームン地方は緑茶の産地でしたが、ヨーロッパで紅茶の需要が高まった19世紀後半には、ほとんどの茶葉が紅茶に加工され一大産地に。キームン地方は雨の降る日が多く、茶葉に日光があたりにくいため、テアニンが多く含まれます。アミノ酸の一種であるテアニンが旨味のもととなり、キームン独特の香りと芳醇な味わいを作りだします。さらに、通常より製法工程が多い中国伝統の製法で手間暇かけて作られる贅沢な紅茶なのです。

茶葉の特徴

OP

キームンの茶葉の色は黒っぽい褐色。上質なキームンの茶葉は、大きめのOPサイズで、高級な緑茶のように細くよじられています。

← キームンによく合うお菓子はp86～を見てね。

おいしい飲み方

旨味のある紅茶なので、ストレートでもミルクティーでもOK。上質なキームンのストレートにはゴールデンリングが見られます。スモーキーな香りが苦手な人はミルクティーで。

❶食事と合わせてもおいしい

チーズケーキなどのスイーツはもちろん、豊かな旨味があるので肉料理やチーズなどとも相性がいいです。

❷ベストな蒸らし時間（基本）

▷リーフティー :ストレートなら蒸らし時間は3分、ミルクティーなら4分。
▷ティーバッグ:ストレートティーなら2分、ミルクティーなら3分。

NAME
12 ジャワ（インドネシア）

渋味や苦味がなくライトな味わい

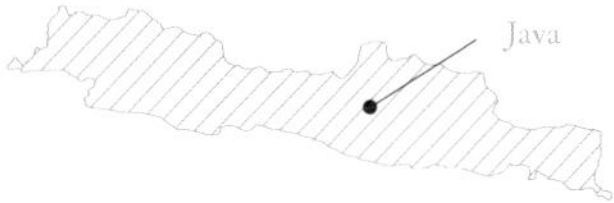

インドネシアでは17世紀後半から茶の生産が始まり、アッサム種が持ち込まれた19世紀からは収穫量が徐々に増え、一時は世界第3位の紅茶生産国になったこともあります。

ジャワティーの産地はジャワ島の西部、標高1500m以上のなだらかな山間部に農園が点在。気候の変動があまりないためクオリティーシーズンはあるものの1年を通して品質差が少ない利点があります。

ジャワティーは渋味があまりなく、後味もさっぱりしているので飲みやすい紅茶です。個性があまりないので、合わせるものを選びません。ブレンドティーやペットボトルのアイスティーに加工されるなど汎用性が高い紅茶です。

茶葉の特徴

BOP

ジャワの紅茶は、BOPかCTC製法で作られるものが多い。ライトな味わいを表しているかのように茶葉の色味も明るめの茶色です。

おいしい飲み方

ストレートがおすすめですが、抽出時間を長くとればミルクティーにも。クセがなくライトな風味はさっぱりとしたものと相性がいいです。

❶合うスイーツや料理

スイーツなら蒸らし時間を少し長くしてコクを出すとよりよいでしょう。お菓子より食事に合わせたい紅茶。とくに和食によく合います。

❷ベストな蒸らし時間（基本）

▷リーフティー：ストレートなら蒸らし時間は2分半、ミルクティーなら3分半。

▷ティーバッグ：ストレートなら1分、ミルクティーなら2分。

NAME 13

ダージリンに近い紅茶の風味

ネパール（ネパール）

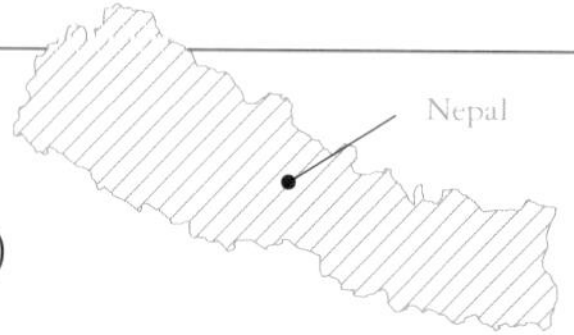

ヒマラヤの玄関口として知られるネパールで、紅茶が栽培され始めたのは19世紀中頃ですが、紅茶が大量に作られるようになったのは、20世紀も後半になってからです。

東西南の3方をインドに接し、東側はダージリンと隣接。このエリアに多くの茶園があります。ダージリンに似た気候なので、ネパールの紅茶もクオリティーシーズンが3回あり、香り・味わいもダージリンに似ています。特に3月～4月のファーストフラッシュは淡くきれいな水色、優雅な香りで、近年とても人気が高まっています。

香りが豊かなネパール紅茶は、ストレートでいただくのがおすすめ。冷やしても香りが立つので、アイスティーにしてもおいしいです。

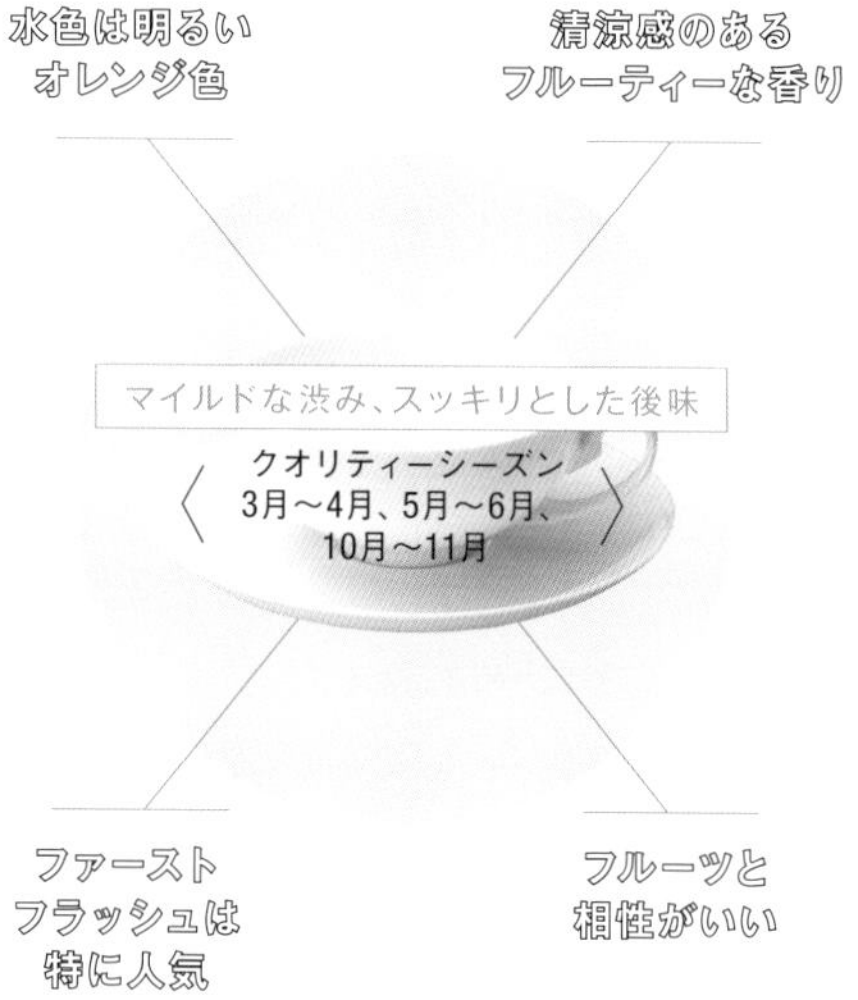

茶葉の特徴

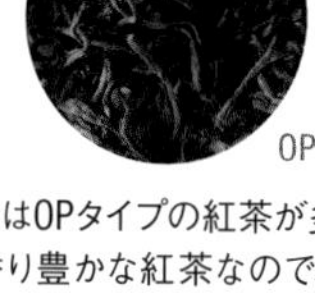
OP

ネパールではOPタイプの紅茶が多く作られています。香り豊かな紅茶なので、茶葉の状態でもよい香りが漂います。

おいしい飲み方

清涼感のあるフルーティーな香りのネパール紅茶はフルーツとの相性がとてもよいです。香りがよく余韻も長いので、紅茶だけで味わうのが一番のおすすめの飲み方です。

❶お菓子とのマリアージュ

フルーツコンポートやフルーツをたっぷりと使った生ケーキによく合います。

❷ベストな蒸らし時間

▷リーフティー :ストレートなら蒸らし時間は3分。

▷ティーバッグ:ストレートなら3分（ティーバッグでもOPタイプのものが多いため長く蒸らす）。

NAME 14

デイリーユースのマイルド感

ケニア（ケニア）

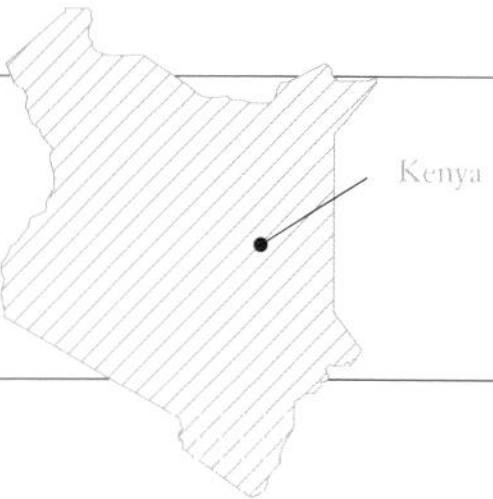

アフリカを代表するケニアは、飲みやすく価格もリーズナブルで、日常に飲む紅茶として注目されています。

　ケニアで紅茶が作られるようになったのは20世紀になってからです。年間を通して気候が安定し、茶葉の成長が早く、摘み取ってから1〜2週間後にはまた摘み取れるということから、今や、インドに次ぐ世界第2位の生産量を誇ります。生産量のわりに知名度が低いのは、歴史が浅いことや、ブレンド用に使われていることが多いからでしょう。

　リーズナブルに買えるところが魅力です。ほんのりと甘い香り、マイルドな渋味、おだやかなコクと飽きのこない飲みやすさで、普段使いにピッタリです。

茶葉の特徴

BOP

濃い茶褐色のケニアの茶葉は、ほとんどCTC製法。CTCにすることにより、茶葉の抽出時間を短縮でき、ティーバッグ向き。

おいしい飲み方

ストレートでもミルクティーでもおいしくいただけますが、お気に入りはミルクティー。マイルドな渋味がミルクティーにピッタリ。スパイスとの相性もいいのでチャイもおすすめ。

❶スパイスを効かせたスイーツ

ケニアのミルクティーには、優しいシフォンケーキやスパイシーなジンジャークッキーなどを合わせてみてください。

❷ベストな蒸らし時間

▷リーフティー：ストレートなら蒸らし時間は1分半、ミルクティーなら3分。

▷ティーバッグ：ストレートティーなら1分、ミルクティーなら2分。

＝その4＝

茶葉のベストな保存の仕方

おいしい紅茶を飲むには、茶葉の状態がベストであることも重要です。そのためには保存状態が肝心です。あなたの保存方法は大丈夫ですか？

紅茶にも鮮度があることをご存じですか？

ブレンドティーは、同じ時期に栽培された茶葉だけをブレンドするのではなく、一定の品質を保つために、製造年月日が異なる茶葉をも加えます。それで、ブレンドティーには製造年月日が明記されなくてもよいとされています。

農園のテイスティングルームでいただく出来立ての紅茶の味は格別だといいます。紅茶にも鮮度があるということですね。まだ味わったことがないのでぜひ、飲んでみたいと思っています。茶葉の知識と淹れ方で、少しでもこの味に近づけたいですね。茶葉の買い方と保存方法も、紅茶のおいしさに関係するカギになります。

Point

紅茶を買うとき

❶ 少なめに買う

紅茶は開封したら、香りや風味はどんどん劣化していきます。開封してから2か月ぐらいで飲み切るようにしたいですね。一度に買う量でおすすめは50g。缶入りですと100g以上が大半なので、量り売りや袋入りの紅茶をおすすめします。未開封の紅茶の賞味期限は2年ぐらいでしょう。

❷ 輸入日を確認する

紅茶を購入するときは、量り売りでも袋入りでも、缶入りのものであっても、輸入された時期を確認し、なるべく新しいものを買うようにしましょう。

Point

保存には密閉を重視

❶ 缶が最適

紅茶が劣化する原因は「日光・湿度・酸化・臭い移り」です。茶葉は日光にあたると劣化が進みますから、遮光できる容器で保存をしましょう。

さらに、湿度や酸化、臭い移りを防ぐには密閉が必要です。遮光と密閉が可能な最適な容器は「缶」。ただし、缶であっても蓋がゆるいと密閉になりません。開けるのに力が必要なぐらいなら大丈夫です。

Point

保存は日光があたらない場所

❶直射日光・火を避ける

日光があたらない場所ならどこでもOKです。ただし、キッチンのコンロの側はNG。極端に温度の高いところも避けましょう。

❷冷蔵庫は厳禁

冷蔵庫で保存しているという話をよく聞きますが、これはおすすめできません。茶葉が湿気をおびたり、食品の臭いが移ったりする可能性があるからです。湿気をおびるというのは、冷蔵庫から出したときに室温との差で、容器に水滴がついてしまい、中の茶葉にも影響するからです。冷凍庫も同じ理由から保存には適しません。

私は紅茶の缶を棚に並べ、棚の前に茶葉を計ったりできるスペースを取っています。
この缶は密閉度が高く、ラベルに茶葉名を書いて貼り、整理しています。

＝その5＝

紅茶をテイスティング 自分好みの茶葉を見つける

飲んだだけで紅茶の種類があてられたらと思いませんか？
テイスティングにより、体に紅茶の情報を与えましょう。

紅茶について等級や産地の知識を得たら、今度は実践編です。「これはアッサム」とか飲んで種類がわかる訓練にトライです。これがテイスティングです。実際にテイスティングをする前の準備から、お話しをしましょう。

テイスティング 準備

1 ― 覚えたい紅茶の表

覚えたい紅茶の一覧表を作りましょう。p14~の茶葉の産地で紹介した、よく知られている紅茶から覚えたいものをピックアップ。「水色」「香り」「味」の3項目で表し、自分の言葉で記入します。「水色の濃さ」「香りの強さ」「渋味の強さ」「コクの強さ」「甘味の強さ」はグラフで。下記の表を参考にあなたの表を作ってくださいね。

ダージリン1st

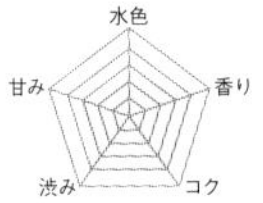

ダージリン2nd

オータムナル

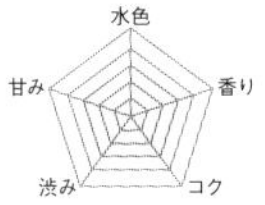

アッサム

	ダージリン1st	ダージリン2nd	オータムナル	アッサム
水色	黄みがかった淡いオレンジ色	濃いめのオレンジ色	赤みがかったオレンジ色	深みのある赤褐色
香	グリニッシュ緑茶のような香り	フルーティーでさわやかマスカットのような香り	爽やかでフルーティーで甘さもある香り	芳醇で甘い香りお芋や栗のようなこっくりした香り
味	渋味と甘味がある旨味もある	強い渋味とコクがある	まろやか、渋味は少ない	まろやかで心地よい渋味コクのある深い味わい

ニルギリ

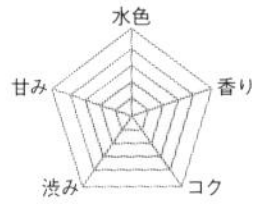

ウバ

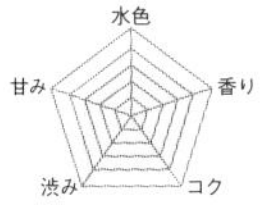

ディンブラ

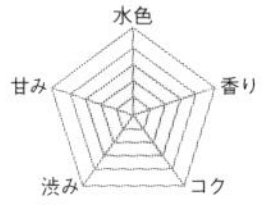

	ニルギリ	ウバ	ディンブラ
水色	明るいオレンジ色	赤みの強いオレンジ色	オレンジがかった鮮紅色
香	柑橘系のすっきりとした香り、青っぽさもある	メントールのような香り	紅茶らしい香り、ベリー系やバラのような甘い香りもある
味	クセがなくスッキリとした味わい、穏やかな渋味	強く刺激的な渋味	しっかりとしたコクできりっとした渋味

この表を目安にあなたの表作りを

紅茶の味は紅茶屋さんや紅茶メーカーにより、また、淹れ方によっても変わります。味の感じ方も人それぞれなので、この表がどなたにもあてはまるものではないかもしれませんが、おおまかな参考にはなると思います。この表を目安にして、あなたが感じたままの表を作ってみてくださいね。

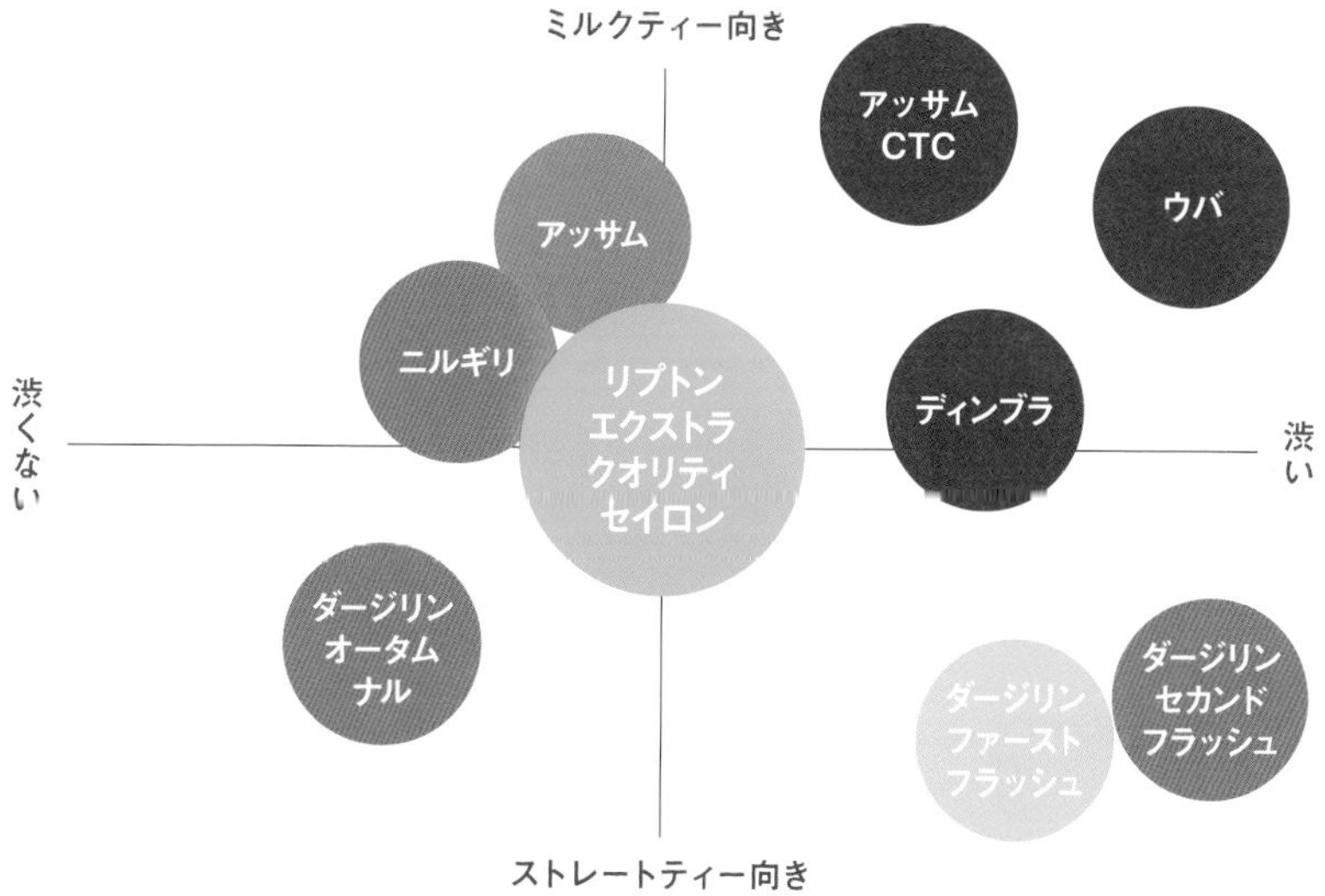

2 指標の紅茶を決めるマトリクス表

次に紅茶のマトリクス表を作ってみましょう。作るにあたり、指標となる紅茶を決めます。

指標となる紅茶は平均的な紅茶で、いつでも手に入るものが望ましいですね。例えば「リプトン エクストラクオリティ セイロン」。青缶と呼ばれ、親しまれている紅茶です。

マトリクス表は、指標になる紅茶を中心に置き、横軸は「渋さ」、縦軸は「ミルクティーに向く」にしましたが、軸は「スッキリ感」とか「水色の濃さ」でもOKです。自分が知りたいことをテーマにするといいですね。軸のテーマを変えて作ると、より紅茶への理解が深まると思います。

テイスティング
用意

１ — テイスティングする紅茶

紅茶の表に書き入れた茶葉を用意しましょう。はじめは4種類ぐらいでスタート。自信がついたら数を増やすといいでしょう。

　茶葉は、なるべく新しいものを選びましょう。ブレンドされているものではなく、シングルエステート（単一農園で栽培された茶葉だけを使ったもの）の茶葉をおすすめします。

２ — テイスティングカップ

テイスティングカップとは、蓋がついたカップと茶液を入れるボウルがセットになった白色のもので、紅茶のプロもこのようなテイスティングカップを使います。１セット２３００円ぐらい。

Point1 ———

テイスティングする紅茶は、あなたが覚えたい紅茶を選ぶのですが、香り・味がはっきりしているダージリンやキームンなどを加え、まずあてる喜びを味わい、コツをつかみましょう。

実践《テイスティング》

1 飲む紅茶を用意

テイスティングカップにテイスティングする紅茶と指標になる紅茶を淹れます。このとき条件は、茶葉は3g、湯は150㎖、抽出時間は3分とします。

おいしく淹れるのが目的ではなく、同じ条件で淹れた場合の茶葉の特徴をチェックするのが目的ですから、茶葉により条件を変えないようにしましょう。

①

茶葉3gをテイスティングカップに入れる。

2 テイスティング

3分経ったら、カップからボウルに紅茶を移し、さらに少量を別のカップにとり、空気と一緒にすするようにして一気に口に含みます。そうすると、口と鼻に紅茶の香りが広がり特徴がつかみやすくなります。

蓋の裏に茶葉を取り、茶葉の様子も観察しましょう。

②

カップに湯を入れ蒸らしたらボウルに移す。

③

試飲のカップにとり、すするようにして口に含む。

3 自分でテストする

少し自信がついたらテストをしてみましょう。ひとりで行うときには次のようにして、答えがわからないようにしましょう。

① テイスティングカップの裏に、茶葉名を記した付箋を貼る。
② 付箋と同じ茶葉をカップに。
③ 蓋をしてカップをシャッフル。
④ 茶葉が見えないように湯を注ぐ。

特徴がはっきりしない茶葉はなかなか覚えられません。何度もトライしてください。

Point2

テイスティングをしたら、そのときの感じをメモするように。紅茶の味がわかるようになるにはテイスティングを繰り返し、その度にメモすることが大切なのです。

COLUMN

お茶会の話題に 2

紅茶の水色を 一番きれいに見せる磁器は？

17世紀頃から、ヨーロッパの国は日本や中国の白い磁器に憧れ、その開発に躍起でした。ついにドイツのマイセン窯が磁器の原料となる粘土のカオリンを使って白い磁器作りに成功。イギリスは良質のカオリンが採れず、代用品を見つけなくてはなりませんでした。そしてイギリスのスポード窯が、牛の骨灰を混ぜることで、素地を白磁に近づけることに成功しました。この磁器は中国からきた焼き物という意味で「ボーンチャイナ」と称されました。

紅茶の水色を最高に美しく見せてくれ、また、ほっとさせてくれるボーンチャイナが誕生したのです。

Part 2

紅茶をおいしく淹れる
道具とカップにくわしくなる

失敗をしないで淹れるには道具が、
おいしく飲むにはカップの形状が左右します。
道具とカップを熟知して、あなたにとり使い勝手の
よいものを選びましょう。

═ その1 ═

紅茶をおいしく淹れる道具

おいしく淹れるのに大切なことは「正確に計る」「温度」「ジャンピング」です。それに必要な最適な道具を見極めましょう。

1 ケトル 湯を沸かす

新鮮な水を素早く沸騰させるケトルの条件は、まず熱伝導率のよいこと。熱伝導率が一番よいのは銀で次が銅、金、アルミニウム…、鉄、ステンレスと続きます。

英国で「紅茶を淹れるためにあるケトル」といわれているのはやはり銅製。また、伝導率の点だけでなく、鉄ビンは避けた方がいいでしょう。鉄で沸かした湯には鉄分が入り、紅茶のタンニンと結合して紅茶の色を黒くし、味にも変化を起こします。ホーローのケトルは、熱伝導率がよいものとそうでないものがありますから選んでください。

早く沸くという点から、私がよく使うのは電気ケトルです。ガスで沸かすのとあまり差異はありませんからおすすめしています。

熱伝導率の比較

銀……428	真鍮……106
銅……403	ニッケル……94
金……319	鉄……83.5
アルミニウム……236	ステンレス……15

＊数字は前後します。

私が使っている「ティファール」の電気ケトル。お湯が早く沸くので重宝している。

熱伝導率がよい銅のケトル。ヨーロッパでは親から子へ代々受け継がれていくもののひとつでもある。これもヴィンテージ。

茶こしが蓋についているので便利。

2 茶葉を抽出する 抽出用ポット

抽出用ポットの条件は、「ジャンピングが上手く行えること」に尽きます。ポットの中で対流が効率よく起こるためには、①形が丸い、②紅茶の量に合ったサイズである、この2点が大切です。②は例えば1ℓ用のポットで500㎖の紅茶を淹れたなら、ジャンピングがスムーズに行われないということです。ポットの大きさと作る紅茶の量ができるだけ近いほうがいいですね。

また、素材ですが、陶器や磁器などの素材が紅茶のおいしさに影響するとは思えませんので、ジャンピングの様子を確認できるという点から、ガラス製をおすすめします。

3 カップに注ぐ サーブ用ポット

抽出用からサーブ用ポットに紅茶を移すのは、茶液を均一にするためと、カップに紅茶が出すぎないようにするためです。このような実用的な役割のあるサーブ用ポットですが、お茶の時間を優雅にしてくれることも重要な役割。好みのティーポットを使えば、ティータイムがより楽しい時間に。

ティーポットにティーコージーを使うと、
紅茶を温かく保てる。

4
スケール
正確な分量がカギ

おいしい紅茶を淹れるためには、茶葉の分量が正確であることも大切な条件です。慣れてくるとつい目分量になりがちですが、等級・ブランドによっても差異がありますから、計るのを習慣にしましょう。

紅茶は3g前後を計ることになるので、精密秤、もしくは小数点1ケタまで出るスケールがおすすめです。

タニタの
「デジタルクッキングスケール」。
ポットをのせて茶葉が
計れるので便利。

3gが計れるティースプーン。
茶葉の等級により量が
異なるので注意が必要。

5
タイマー
抽出時間を忘れずに

おいしい紅茶を淹れる条件に抽出時間があります。抽出時間は、茶葉の等級やティーバッグによっても、ストレートティー、アイスティー、ミルクティーなど飲み方によっても異なります。

抽出時間は短くても長くてもダメ。正確な時間を茶葉に与えてあげることで、渋味や旨味がしっかり出て、その茶葉がもつ特徴を生かせます。

それにはタイマーは必需品です。キッチンタイマーでなくても時間が計れればよいので、私はオフィスでは携帯電話を使っています。雰囲気を楽しむなら砂時計もいいですね。

3分の陶製砂時計。
陶製は作るのが難しいとかで、
作れる職人さんが
減っているとか。

可愛かったので
100均で購入。
よく働いてくれている。

その他

ティーストレーナー

抽出用ポットからサーブ用ポットに移すときに必要な茶こしです。受け皿がついた便利なものや、ポットの口に取りつけるタイプもあります。

シンプルなタイプ。

ティーマット

サーブ用ポットをテーブルに置くときのマット。テーブルやポットを傷つけず、音がしない、保温性もあるものを。こちらは汚れても洗うことができるシリコン製。

洗えるシリコン製

ティーバッグトレイ

カップから出したティーバックを置く受け皿。穴が開いている二重構造になっています。小皿でも代用できますが、こんな受け皿なら優雅さがプラスされますね。

ティーバッグでも優雅に。

ティーコージー

ポットにかぶせて保温をします。テーブルで使うので様々なデザインがありますが、かぶせたままサーブできるタイプ（写真）は使い勝手がよいので気にいっています。

ポットの取っ手が出るタイプ。

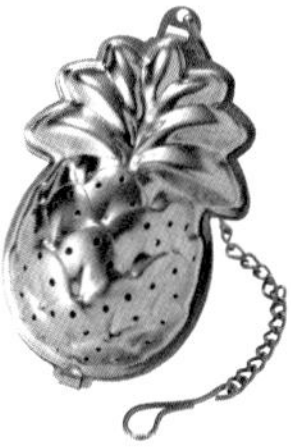

可愛いデザインが
いろいろ出ている。

側に置いておきたい可愛いもの

紅茶の道具は可愛いものが多くて、ついつい集めてしまいます。ときにはあまり実用的ではないものもあるけれど、ティータイムを楽しく演出してくれると思うと愛しさが募ります。

═その2═

紅茶をおいしくするカップの秘密

カップの形状により紅茶の味わいも変化します。いただく紅茶に合わせてカップもセレクトすると、本格的ティータイムになりますね。

紅茶を飲む究極のカップといわれる

Montrose shape

モントローズシェイプ

ロイヤルアルバート社の
「オールドカントリーローズ」

ロイヤルアルバート社
1896年創業のイギリスの老舗ブランド。英国をこよなく愛するあまり、ヴィクトリア女王の夫アルバートの名前を社名に。ヴィクトリア女王60周年の記念品を依頼され、ロイヤルの称号をもらう。最も英国的王室御用達ブランド。

極める1

究極のカップといわれる「モントローズシェイプ」とは？

「紅茶を飲む究極のカップ」と称されるカップをご存じですか。それは「モントローズシェイプ」のティーカップです。世界で一番売れたといわれているロイヤルアルバート社の〝オールドカントリーローズ〟（右ページ）がこの形です。

究極のカップといわれるポイントは3つあります。もちろん、紅茶が最高においしく飲めるポイントです。

Point1
上部が広がっている

上部が広がっている形は一般によく見かけますね。これは紅茶を早く冷ますため。おいしい紅茶を淹れるには100度近い高温が必要ですが、口に入れておいしいと感じるのは約65度といわれます。熱すぎると紅茶の味もわかりません。少しでも早く冷ますために口が広がっているわけです。

Point2
真ん中がくぼみ、下部が膨らんでいる

おしゃべりをしながら優雅にティータイム。ですが、この間に紅茶がどんどん冷えてしまい、45度を下回ると渋味が際立ってきます。真ん中がくぼんでいるのは温度を下げないため。さらに下部が膨らんでいるのは旨味を逃さないともいわれています。女性のスマートなウエストからヒップラインを連想しますね。

Point3
高台がついている

高台も紅茶が冷めないための工夫。ソーサーの冷たさが直接伝わらないように高台がついています。

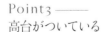

極める2

個性的紅茶と個性のない紅茶に向くカップは？

カップの形が紅茶のおいしさを左右することはお分かりいただけましたか。さらに話を進めましょう。カップには大別して口元が広い横長タイプと口元が狭い縦長タイプがありますが、紅茶の味にどう影響するのでしょうか。

　スッキリして飲みやすいのですが、個性的とはいえないニルギリやキャンディと、渋味もしっかりした個性的なダージリンを、タイプの異なる2つのカップで飲み比べてみました。

個性のあるタイプの紅茶

縦長タイプのカップ

ダージリンを飲んでみましょう。縦長のタイプのカップのほうが香りもしっかりし、渋味もありダージリンらしい味わいがありました。
「モントローズシェイプ」はダージリン向きといえますね。

個性のないタイプの紅茶

横長タイプのカップ

ニルギリを縦長タイプのカップで飲んでみましょう。ライトでいくらでも飲めてしまいそうですが、味が平坦で「イマイチかな」と。次に横長タイプで飲むと、甘みも風味も感じられ、縦長タイプのときよりグーンとおいしく感じました。

味わいが異なる理由

口元が広い横長タイプのカップで飲むと、紅茶が舌の上全体を通るので、繊細な味わいを感じ取ることができます。口元が広くない縦長タイプで飲むと、舌の中央を紅茶が通るので、しっかりした渋味などを感じ、香りを楽しむこともできます。紅茶が通る舌の位置で味わいが異なるわけです。

極める 3

陶器、磁器―
どちらがより紅茶を
おいしくする？

カップには大別すると磁器製と陶器製があります。紅茶は水色を目で楽しみ、カップの口当たりは繊細な味わいに影響します。磁器の白磁は水色をきれいに映しますし、薄い磁器の口当たりは紅茶をおいしく感じさせますから、私はどうしても磁器派になってしまいます。ストレートでいただくときはやはり磁器がおすすめですが、ゆったりいただくミルクティーには陶器も合うでしょう。

トリオ

トリオで揃える

ティーフードをのせるプレートも、カップ＆ソーサーと同じパターンで揃えるのがフォーマル。このセットを「トリオ」といいます。しかし、ヴィクトリア朝初期までは、トリオというと「ティーカップ＆コーヒーカップ＆ソーサー」の3点をさす言葉でした。

極める 4

ひとつの形を選ぶなら
どんな紅茶にも合う
シェイプは？

紅茶によりカップを使い分ければいいのですが、どれかひとつで、となるとおすすめは口がそう広くなく、背もそう高くない写真のようなタイプでしょうか。

実は、ティーカップとコーヒーカップを区別するぐらい、カップにこだわるのは日本人ぐらいだと聞いたことがあります。それだけ、味に敏感でこだわりがあるといえるでしょう。それだけでなく、私にはいろいろと試す楽しみがあります。みなさんもぜひ、こだわって楽しんでください。

どんなタイプの
茶葉の紅茶でも
合うスタイル。

My cup of tea

私のお気に入りカップたち

ティーカップはティータイムを素敵に演出してくれる大切な友人。
今では100客以上になりました。その中でもお気に入りを紹介します。

「コカトリスグリーン」ミントン

こちらは1891年～1901年に作られたアンティーク。美しいシノワズリ柄が全面に施され、伝説の鳥コカトリスの部分は手描きで描かれています。

「ロゼッタ」ミントン

ミントンの代表的なファイフシェイプのカップですが、古いものなのでシェイプがシャープで縁がフリルのように見えるところが可愛らしいです。

エインズレイ

濃いめのピンクが可愛いゴージャスなカップ。ロココ調の装飾、ガーランド、バラ、リボンと私の好きなものが凝縮されたデザイン。1905年から1910年に作られたもののようです。

ミントン

ミントンの小花散らしの図柄は長い間作られ、白磁に金彩が施されたものが多く出回っていますが、こちらは外側に色がつけられた珍しいパターン。1925年の作品。

「ミランダ・カー コレクション
Friendship（友情）」
ロイヤルアルバート

花と蝶が描かれたこのシリ ズは大好きで、ブルーのdevotion（愛情）ピンクのgratitude（感謝）、黄色のjoy（喜び）も持っています。

パラゴン

今ではなかなか手に入らない貴重なフラワーハンドルのパラゴン。こちらは1940年代のもので全体に施された蝶のエンボスが可愛いカップです。

パラゴン

1950年代のもので素地自体が黄色の珍しいタイプ。高台の足が長めでエレガントなところと花びらのようにくぼんだシェイプが可愛らしくてお気に入り。

「ロイヤルアントワネット」ロイヤルクラウンダービー

このシリーズは、エリザベス女王が週末を過ごされるウィンザー城で朝食に使われているもの。薔薇に星も描かれていて現代風ですが、18世紀におこされたデザインです。

「ロイヤルアントワネット」ロイヤルクラウンダービー

こちらは同じシリーズですが、作られた年代が古いものです。古いもののほうは、金彩の部分が膨らんでいて、より手間がかかっているのが感じられます。

COLUMN

お茶会の話題に 3

ティーバッグが普及したのは合理性を好むアメリカで?

本書p52～でもティーバッグを使ったおいしい紅茶の淹れ方とティーバッグの種類を紹介していますが、ティーバッグは約120年前にイギリスで誕生しました。料理に使う「ブーケ・ガルニ」がヒントになったとか。しかし、ティーバッグとして普及したのはアメリカで。合理的なことを求める国、ティーバッグがヒットしたのもわかりますね。このときはガーゼに茶葉を入れたティーバッグで、大当たり。その後、袋の素材や茶葉のサイズなどが改良され続けました。

ちなみに、紅茶にレモンを入れて飲むのもアメリカからでした。

Part 3

紅茶をおいしく淹れる
ルールをマスター

ストレートティーを淹れるには
「ゴールデンルール」があります。アイスティーや
ミルクティー、そしてアレンジティーの
これだけ守ればおいしく淹れられる
ルールを紹介しましょう。

STRAIGHT《ストレートティー》-1 Tea

Leaf tea

英国では本格的に紅茶を淹れるための「ゴールデン・ルール」があります。
ただ、日本は軟水なので「２ポット方式」を加えるとよりおいしい紅茶が楽しめます。

ゴールデン・ルール／5 Point

Point 1 新鮮・上質の茶葉を使う

紅茶は新鮮な茶葉の方がおいしいので、よく売れる回転が速いお店で購入しましょう。（紅茶の中には数年寝かした方がよい紅茶もある）

Point 2 新鮮な水を沸騰させた湯

汲みたての水には酸素がたっぷり含まれていますから、汲みたての水を。ペットボトルの水ならよく振って酸素を含ませます。沸騰したての湯を使いましょう。

Point 3 茶葉の分量は正確に量る

茶葉の種類や好みによっても量は変わってきますが、基本は湯150mlに対して茶葉3gです。精密秤かティースプーンで計りましょう。

▸ **ティースプーン** 大きな茶葉（OP）は大盛が約3g　小さい茶葉（BOP）は小盛が約3g

Point 4 ティーポットを温める

紅茶の成分がきちんと湯に抽出されるには90度以上の温度が必要で、ベストは95～98度。抽出用ポットが冷たくては、最適な温度を保てません。

Point 5 蒸らし時間をきちんと計る

ポットの中で茶葉がジャンピング（p51参照）している蒸らし時間が、紅茶パッケージに明記されていない場合は3分を目安に蒸らしましょう。

２ポット方式

Point 6 サーブ用ポットに移す

抽出用ポットを振らないこと。振ると雑味が出てしまいます。最後の一滴まで注ぎます。

Point 7 カップは温めない

おいしい紅茶の温度は65度前後。この温度に早く冷ますためにカップは温めません。

STRAIGHT-1

How to make tea

①

汲みたての水をヤカンか電気ケトルで沸かす。まず沸騰寸前の湯でポットを温め、再び火にかけ沸騰させる。

②

茶葉を正確に計ることが大切。精密秤がない場合はティースプーンで。ティースプーン1杯は約3g。

③

沸騰させた湯でも、抽出用ポットが冷えていれば適温でなくなるので、湯で温める。湯を捨ててから茶葉を。

④

沸騰した直後の湯を③のポットに注ぎ蓋をしたらタイマーを設置。ジャンピングを促すために湯は勢いよく注ぐ。

⑤

ストレートティーなら約3分蒸らしサーブ用ポットに。最後の1滴（ゴールデンドロップ）が落ちるまで静かに待つ。

サーブ用のティーポットを温めておく必要はありません。

Jumping

ジャンピングはおいしい紅茶に不可欠

抽出用ポットで茶葉を蒸らしているとき、ポットの中で茶葉が上下に動いていたら、茶葉からおいしいエキスが抽出されている証拠。この動きを「ジャンピング」といい、湯の中に含まれる酸素が茶葉につくことによって起こるので、酸素を含んだ汲みたての新鮮な水が不可欠なのです。湯の温度も大切で、95〜98度前後に沸騰した湯がベストです。

湯の温度が低いと茶葉は上に浮いてしまい、沸騰しすぎて空気が抜けた湯では茶葉は沈んでしまう。

STRAIGHT《ストレートティー》-2

Tea Bag

時間がないときなどにティーバッグはとても重宝。5つのポイントを守れば、
紅茶の香りが倍増し、奥行きのあるおいしい紅茶がいただけます。
ティーバッグの形状や素材も影響しますからティーバッグ選びも忘れずに。

おいしく淹れる 5 Point

Point 1　必ず熱湯を使う

新鮮な汲みたての水を使い、しっかり沸騰させ、沸騰したての湯を使います。（ゴールデンルールPoint2参照）

Point 2　ティーバッグの形を整える

おいしい紅茶を淹れるには、ジャンピングという茶葉の動きが大切です（p51参照）。ジャンピングが素早くできるように、ティーバッグがぺちゃんこになっていたら形を整えましょう。

Point 3　湯の入ったカップに入れる

先に湯をカップに入れるのは、ティーバッグに空気が入って浮いてしまわないためです。浮いてしまうと抽出がスムーズに行われません。

Point 4　蓋をしてしっかり蒸らす

蒸らすことでおいしい紅茶が抽出されるので、蓋をして蒸らしましょう。蒸らし時間は大切で、基本は1分間。これより長い時間を必要とするものもあるので、パッケージで確認をしてください。

Point 5　ティーバッグはそっと取り出す

ティーバッグを2～3回軽く振ってから静かに持ち上げ、茶液がきちんと落ちるまでしばらくそのまま持っていましょう。

「ティーバッグだから」なんていわせない味に！

STRAIGHT-2

How to make tea

①

湯を沸かしている間にぺちゃんこのティーバッグの形状を整えて。長方形のものは底の部分を広げる。

②

沸騰直前の湯でカップを温める。湯は再度火にかけ大きな泡がたつまで沸騰させる。カップの湯は捨てる。

③

カップに湯を注ぎティーバッグをそっと入れる。ティーバッグより先に湯を注ぐのはジャンピングをよくするため。

④

蒸らさないとおいしい紅茶が抽出されないので必ず蓋を。ソーサーでOK。1分間の蒸らし時間が基本。

⑤

ティーバッグを取り出すときは2～3回振ってから。茶液をスプーンで押し出すのは厳禁。渋味が出てしまうから。

悪い例

ティーバッグを先に入れてから湯を注ぐと、ティーバッグが浮いてしまい、抽出が上手くいかない。

Make at once

一度に作る場合

2～3人分を一度に作るときのポイントはカップと同じです。温めておいたポットに、カップ2～3杯の湯を注ぎ、ティーバッグを入れ、約1分蒸らします。ポットで作るときも、蓋をすることを忘れずに。抽出できたらティーバッグを2～3回振り、静かに引き上げます。決してティーバッグを絞るようなことはしないように。

ガラス製だとティーバッグの様子と抽出状態がわかるのでおすすめ。

TEA BAG STORY

ティーバッグのお話をしましょう

ティーバッグは約120年前に登場し、当初の袋の素材はガーゼでした。
今では様々な素材や形状のものが販売され、買うのに迷う人も多いでしょう。
そこでおいしい紅茶に一番近い形状と素材を探してみましょう。

形状

茶葉がジャンピングしやすい形状を選ぶことが肝心です。おすすめはピラミッド型で、次は縦長タイプ。茶葉の量に対して、ティーバッグの袋は大きめのものがおすすめです。

長方形(①⑧)**丸**(②)

長方形は昔からよくあるタイプですが、ジャンピングするスペースが少ないので、茶葉の抽出の効率はあまりよくありません。丸型はもっと効率がよくありません。

ピラミッド型(③④⑤⑥⑦)

テトラ型ともいわれる形。茶葉が広がる余裕があり、ジャンピングしやすいので、紅茶の風味を効率よく引き出せます。

巾着型(⑨⑩)

見た目は可愛らしいが、ジャンピングには適さない形です。

素材

紅茶は熱湯で淹れるので、熱によって素材の臭いが出てしまうものがありますから、紅茶の香りを阻害しない素材を。また、お湯がスムーズに出入りできる、抽出性の高さも重要です。

紙(①②③④⑧⑨)

紙は安価なティーバッグによく使われている素材。抽出性は低く、紙や漂白剤の臭いが気になることがあります。

ガーゼ(⑩)

ガーゼは、フランス製のティーバッグによくあるタイプ。臭い移りが少なく、紅茶の香りを楽しめます。抽出性は紙よりは高い。

ソイロンメッシュ(⑥⑦)

トウモロコシなどのデンプンから作ったメッシュ。ピラミッド型に使われることが多く、抽出性が高く、臭いも気になりません。また、土に還る素材なので環境にも優しいです。

ナイロンメッシュ(⑤)

ソイロンメッシュに似て抽出性は高いのですが、プラスティック臭を放つことがあります。プラスティック粒子は環境面からもよくないので、こちらは避けたい素材ですね。

おすすめティーバッグは!

形状はピラミッド型で、素材はソイロンメッシュ。
紅茶のおいしさにこだわっているブランドの多くは、この組み合わせでティーバッグを作っています。

①紙製・長方形・紐あり
②紙製・丸型・紐なし
③紙製・ピラミッド型・紐なし
④紙製・ピラミッド型・紐あり
⑤ナイロン製・ピラミッド型・紐あり
⑥ソイロン製・ピラミッド型・紐あり
⑦ソイロン製・ピラミッド型・紐なし
⑧紙製・長方形・紐なし
⑨紙製・巾着形・紐あり
⑩ガーゼ製・巾着形・紐あり

「紐ありと紐なし」ティーバッグの違いは？

紐のないティーバッグはイギリスによくあるタイプです。イギリスの紅茶はティーバッグが主流ですが、それはティーポットで紅茶を淹れることが多いからです。イギリスは硬水なので、茶葉をずっと浸していても紅茶の成分が出すぎず、ティーバッグを取り出す必要がなく、紐は不要なのです。

また、日本でも水出し紅茶用のティーバッグはひもなしが主流になりつつあります。

ICED Tea《アイスティー》 ❶

オンザロック

［材料］2人分

茶葉：ダージリン 6g

湯：150ml

氷：多く

透明感のあるアイスティーは琥珀の宝石のようです。
白濁するクリームダウンを起こさないアイスティーを作りましょう。

How to make tea

① 

紅茶は95〜98度が抽出のベスト温度なので、湯が冷めないように事前に抽出用ポットを温めておく。

② 

茶葉はストレートティーと同じ分量。出来上がりが150mlなら茶葉は3gが基本の量。今回は2杯分なので6g。

③ 

ポットの湯を捨てて②の茶葉を入れ湯を注ぐ。湯の分量は出来上がりの半分の分量。蓋をして3分蒸らす。

④ 

氷の入ったサーブポットに③を一気に入れる。クリームダウンを防ぐため最後の一滴まで注がないように。

白濁させない 2 Point

Point ❶ 氷で一気に冷やす

クリームダウンが起こるのは、紅茶に含まれるタンニンとカフェインが結合し、ゆっくり冷めると白く濁るからです。たっぷりの氷を用意し、氷で一気に冷やすのがポイントです。

Point ❷ 最後の茶液は残す

最後の一滴といわれるゴールデンドロップには、タンニンとカフェインが濃く出ているため、白濁を起こしやすい欠点があります。茶液をポットに少し残すようにしましょう。

クリームダウンを起こしてしまったら

白く濁ってしまった場合は、少し熱湯を入れると濁りが薄くなるので、試してみてください。

アイスティーは透明感が魅力

［材料］750mℓ分

茶葉：キャンディ8〜10g

湯：400mℓ

氷：多く

アイスティー

ICED Tea ❷

2度取り方式

紅茶を2回、氷で冷やすことからダブルクーリングともいいます。
短時間で大量のアイスティーが出来るのでパーティーにおすすめです。

How to make tea

①

紅茶の抽出が上手くいくために、沸騰直前の湯で抽出用ポットを温めておく。茶葉を入れる前に湯は捨てる。

②

茶葉を①に入れ沸騰したての湯を注ぎ、15分蒸らす。基本分量より少ない茶葉なので蒸らし時間を長く。

③

氷をたっぷり入れたポットに②を素早く注ぎ入れる。クリームダウンを避けるため最後の一滴まで入れない。

④

クリームダウンは茶液をゆっくり冷やすことで起こるので、10回ぐらいかき混ぜて素早く冷やすのがコツ。

⑤

冷えたら④を保存容器に移す。保存容器に氷は不要で常温で保存。飲むときに氷を入れる。

クリームダウンを避けるために常温で保存。

Advantages

2度取り方式の利点 | 短時間で大量にできる他にも3つの利点があります。

少ない茶葉で作ることができる

茶葉の分量が通常の1/2なので、長い時間かけて抽出します。蒸らし時間は約15分。

クリームダウンが起こりにくい

使用する茶葉の量が少ないためクリームダウンが起こりにくいので、どんな茶葉でもOK。

その日の内なら常温保存が可能

クリームダウンを起こさないように常温で保存し、飲むときに氷を入れます。

アイスティー

ICED Tea ❸

水出し方式

[材料] 750mℓ分
ティーバッグ：3～4個
水道水：750mℓ

飲めるまで時間を要し、風味も劣るというデメリットはありますが、
失敗することもなくとにかく、簡単なので試してみてください。

How to make tea

①

蓋付のピッチャーを用意。臭い移りが少ないガラス製がおすすめ。フレーバーティーならペットボトルをおすすめ。

②

酸素を含む汲みたての水道水を。ミネラルウォーターなら振って空気を含ませて。蓋して少し振ると抽出が早い。

③

2～3時間で飲めるようになる。冷蔵庫で冷やしながら抽出してもクリームダウンは起きないから大丈夫。

Point

水とティーバックの割合は守って

ティーバッグ1個に入っている茶葉は約2gです。水500mℓならティーバッグは2～3個、750mℓなら3～4個、1ℓなら4～5個が適量です。

水出し専用ティーバッグは安心

水出し用の茶葉と普通の茶葉の違いは熱殺菌をしているか、していないかです。小さなお子さんや体の弱い方には万が一のことを考えて水出し用をおすすめします。

フレーバーティーには注意

アールグレイなどのフレーバーティーの水出し紅茶を、プラスティックなど樹脂製品の容器で作ると、容器にフレーバーティーの臭いが移ってしまい、ノンフレーバーティーの水出し紅茶に影響してしまいます。フレーバーティーを作るときは、使い捨てにするペットボトルを使用してはいかがでしょうか。

ロイヤルミルクティー

MILK Tea ❶

手鍋で作る

［材料］2杯分
- 茶葉：6g
- 牛乳：170ml　水：170ml
- 湯がく湯　砂糖：適量

寒い日には特に心をほぐしてくれるミルクティー。
ミルクが多いミルクティーをロイヤルミルクティーといいます。

How to make tea

①

茶葉を湯がく容器を温め、分量の茶葉を入れて、茶葉がひたひたになるくらいの湯を入れ蓋をして蒸らしておく。

②

水と牛乳を各170ml鍋に入れ火にかける。牛乳が焦げつかないようにかき混ぜ、泡が出てきたら火を止める。

③

①の茶葉を②に入れ、軽く混ぜ蓋をして蒸らす。購入茶葉に表記されている蒸らし時間+1分長く蒸らす。

④

③を茶こしでこしながらサーブ用ポットに移す。最後の一滴まで入れる。ただし絞ったりはしないように。

ティーコージーで保温を

おいしく作る 3 Point

Point ❶ 茶葉は湯がいてから使う

茶葉を直接湯に入れないで、少量の湯で湯がいてから使います。

Point ❷ 蒸らし時間が大切

色・香り・味をしっかり出すために、茶葉の蒸らし時間は、購入した茶葉に表示されている時間より約1分長く蒸らしましょう。

Point ❸ 牛乳は熱しすぎない

牛乳は高温になると独特の臭みが出てしまいますから、熱しすぎないように注意を。

ロイヤルミルクティー

MILK tea ❷

贅沢なミルクティー

［材料］たっぷり2杯分

茶葉：アッサム18g

牛乳：200ml　湯：240ml

砂糖：16～20g

茶葉を通常の3倍使うというちょっと贅沢ですが、それだけコクのある味わい豊かなミルクティーです。ぜひ、味わってください。

How to make tea

①

沸騰寸前の湯で抽出用ポットを温めておく。茶葉は通常の3倍の量18gを計る。ティースプーンなら6杯分。

②

抽出用ポットの湯を捨て、①の茶葉を入れ、沸騰したての湯240mlを注ぐ。茶葉を傷めないようにさっと混ぜる。

③

茶葉はジャンピングして、おいしい紅茶が抽出される。蒸らし時間は大きな葉なら5分、小さな葉なら3分。

④

牛乳は表面に幕を張るぐらいまで温める。脂肪分の多い牛乳を選び、沸かしすぎないのがポイント。

⑤

蒸らし終えた③の紅茶をサーブ用ポットに移す。最後の一滴まで注ぐが、雑味がでないように振らないこと。

⑥

砂糖を加えると一段とおいしくなる。普段より多めに、一人分8～10gが目安。溶けるようによくかき混ぜる。

⑦

⑥のサーブ用ポットに温めた④の牛乳を加え、スプーンでひと混ぜして出来上がり。カップは温めなくてOK。

Luxury milk tea

牛乳と茶葉の量がコクを左右

茶葉は通常の約3倍使いますが、牛乳も脂肪分の高い牛乳を選びましょう。ミルクティーは牛乳で味が左右されますから、手鍋で作る際も、いろいろな牛乳で試してみるといいですね。

ロイヤルミルクティー

MILK Tea ❸

マグカップで

［材料］ マグカップ1杯分

ティーバッグ：2個

湯：150ml　牛乳：150ml

砂糖：好み

大きなマグカップにミルクたっぷりのミルクティーは
眠い日の朝に、忙しい職場で、元気づけてくれる1杯です。

How to make tea

1

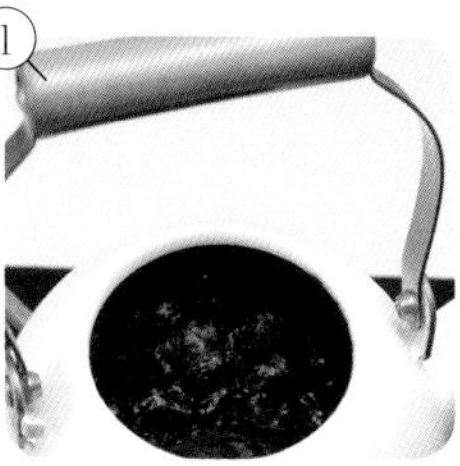

湯は150mℓと少ししか使わないが、しっかり沸騰した直後の湯を使用。電子レンジでチンした湯は×。

2

茶葉を湯がく容器は湯で温めておく。その湯を捨て①の熱湯150mℓを入れ、ティーバッグを2個入れて蓋を。

3

マグカップに牛乳150mlを入れて電子レンジで温める。火にかけて温める場合は、沸騰させないように注意を。

4

約3分蒸らした②のティーバッグを取り出す。その祭、絞ったりすると雑味や渋味が出るので注意を。

寒い日の朝、元気になる一杯

簡単にできるので、携帯用タンブラーに入れて職場に持参します。

5

③の牛乳が入ったマグカップに④の紅茶液を入れて出来上がり。好みでお砂糖を加える。

Milk or Straight

ミルクティー向きの茶葉の話をしましょう

ミルクティーに合う茶葉を聞かれることがよくあります。
ここでは一般的なチョイスをお伝えします。

ミルクティーで飲むとおいしい茶葉を選ぶときのポイントをお話ししますが、これはあくまで一般論で、あなたの味覚がベスト。下の表も私の感じ方で作った表ですから、参考ぐらいに考えてください。

1 中国種かアッサム種か

中国種の茶葉、ダージリンやネパール、ヌワラエリヤはストレートが一番。アッサム、ルフナ、ケニアなどのアッサム種はミルクティー向きです。

2 甘い香りか清涼感か

甘い香りのする、例えばアッサムやルフナはミルクティー向き。ディンブラは清涼感がある茶葉ですが、ミルクティーにしてもおいしい。

3 渋味が強くでる

この代表はウバです。ミルクティーにすると渋味が強い分しっかりしたミルクティーが味わえます。

私の味覚をもとに作ったマトリクス表

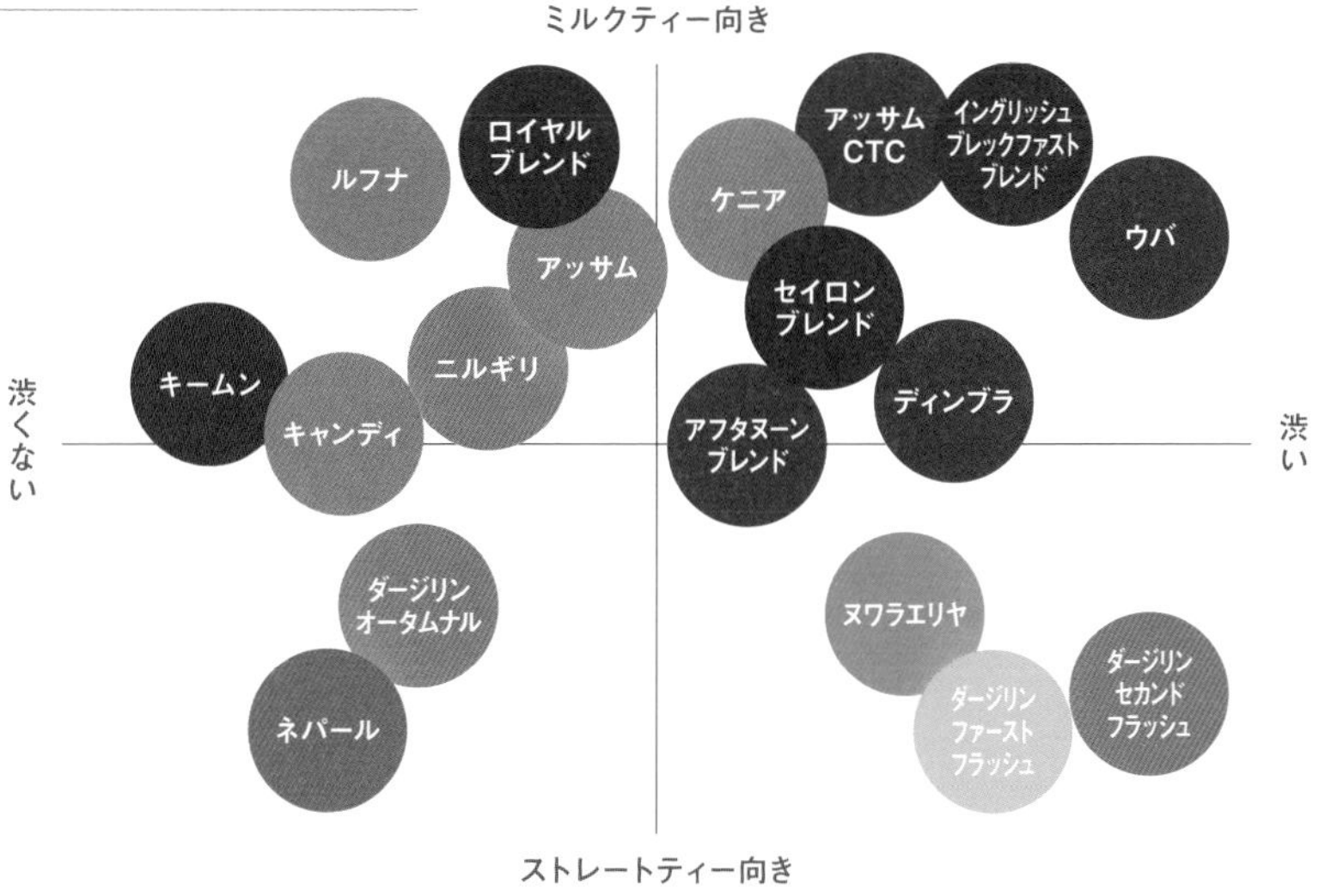

①図にあるブレンド茶は紅茶店のメニューによく見かける茶葉なので加える。
②アッサムはフルリーフとCTCでは味が大きく異なるので両方をのせる。

●イチゴスムージー

冷凍イチゴ：150g

アイスティー：75mℓ

牛乳：75mℓ　砂糖：20g

●ブルーベリースムージー

冷凍ブルーベリー：130g

アイスティー：130mℓ

ARRANGE tea《アレンジティー》 ❶

ティースムージー

冷凍の果物を使って1年中楽しめるスムージーです。
紅茶を加えることで、風味もプラスされ飲みやすくもなります。

How to make tea

▶イチゴミルクティースムージー

1

アイスティーは事前に作っておく（作り方はp56参照）。冷凍イチゴ150gをミキサーに入れる。

2

グラニュー糖20gをミキサーに入れる。ガムシロップよりグラニュー糖をおすすめ。最後に入れてもOK。

アイスティーと牛乳を入れてスイッチオン！滑らかになったら出来上がり。

▶ブルーベリースムージー

4

冷凍ブルーベリー130gをミキサーに入れる。ブルーベリーだけでなくミックスベリーも加えるとよりおいしくなる。

5

事前に作っておいたアイスティー（作り方p56参照）を加え、ミキサーのスイッチをオンに。よく混ざるまでオンに。

〈ブルーベリースムージー〉

イチゴミルクティースムージー

Choose tea leaf

合う紅茶を選ぶ

イチゴのミルクティースムージーにはディンブラを。紅茶の風味もきちんと感じ、イチゴと牛乳だけでは出せない爽やかさも感じられます。ブルーベリーの方はニルギリがおすすめです。

アレンジティー

ARRANGE tea ❷

セパレートティー

［材料］2杯分

茶葉：キャンディ6g

湯：150ml

牛乳：適量　氷：適量

砂糖：30g

牛乳やジュースと紅茶を2層にした、見た目もおしゃれなアイスティー。
ひと工夫をすれば、きれいな2層になります。

How to make tea （ストレートティーの作り方はp50参照）

①

カップに砂糖30gを入れる。砂糖をたっぷり入れることで茶液の比重が重くなり2層に分かれやすくなる。

②

茶葉6gと湯150㎖で作った濃いめの紅茶（p56参照）を①に入れ、砂糖がよく溶けるように混ぜる。

③

氷をたっぷり入れた容器に②を注ぎ、紅茶が冷えるように混ぜる。キャンディはクリームダウンが起こりにくい。

④

出来上がったアイスティーを氷と一緒にグラスに注ぐ。牛乳をミルクピッチャーや醤油さしに入れる。

⑤

牛乳は氷にあてるようにしてゆっくりと慎重に注ぐ。不器用な私でも醤油さしだと上手くいくのでおすすめ。

グレープフルーツのセパレートティー

With fruit juices

グレープフルーツで2層に

牛乳の代わりにジュースを使ってもセパレートティーに。ジュースは紅茶との色の差がある、グレープフルーツジュースがおすすめ。こちらも牛乳と同じように、少しずつ注ぐのがコツ。

ARRANGE tea《アレンジティー》 ❸

フルーツアイスティー

［材料］
茶葉：キャンディ 10g
湯：300ml　氷：多く
桃：1/2個　キウイ：1個
パイナップル：1/4個

スルーツティーはいろいろ試した結果、桃・パイナップル・キウイの組み合わせ
「キャンディピーチアイスティー」にたどり着きました。

How to make tea

①

フルーツは一口大にカット。フルーツ、特に桃の味の良し悪しが決め手なので、甘い香りを放つ桃を吟味。

②

汲みたての水を沸騰させ、ポットに注いで温める。湯は95度が適温なのでポットも温めておくことが必須。

③

ポットの湯を捨てて、茶葉10gを入れる。茶葉は正確に計ること。熱湯300mℓ入れて3分間蒸す。

④

たっぷりの氷が入ったボトルに、蒸らし終えた③を一気に注ぎ入れる。氷が溶けた頃にフルーツを加える。

⑦

フルーツの果汁が紅茶に馴染むまで、冷蔵庫で寝かせる。

渋味が少なく、フルーツとの相性もよく、クリームダウンが起こりにくいキャンディはフルーツアイスティーに最適な茶葉です。桃、パイナップルの2つのフルーツで味が決まります。キウイは緑の色が映え、可愛いので加えました。すぐに食べないときは、レモンの絞り汁を入れると、翌日まで味が安定しおいしくいただけます。

アレンジティー

ARRANGE tea ④

ティーシロップ

[材料]

茶葉：ディンブラ6g

湯：150ml

グラニュー糖：150g

紅茶とたっぷりのお砂糖で作るティーシロップはティースカッシュをはじめいろいろなアレンジティーを楽しめます。約1か月の長期保存も可です。

How to make tea

①

濃いめの紅茶をオンザロック方式(p56参照)で作る。ポットに茶葉6gと熱湯150mlを入れ、抽出時間は4分。

②

スケールを使うと分量がすぐわかるので便利。スケールに鍋をのせ、グラニュー糖150gを入れる。

③

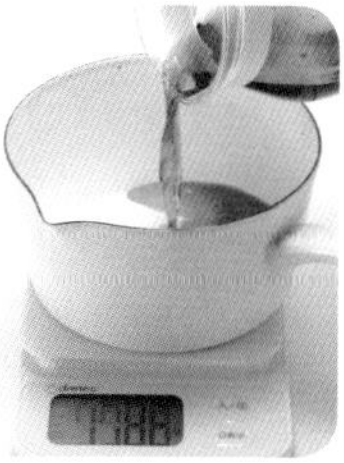

①の紅茶をポットやピッチャーに移すことで濃さを均一にする。スケールにのせたまま④の鍋に100mℓ入れる。

④

鍋に入っている砂糖と濃いめの紅茶がよく混ざるように、スプーンでかき混ぜる。鍋に入れたままで粗熱をとる。

⑤

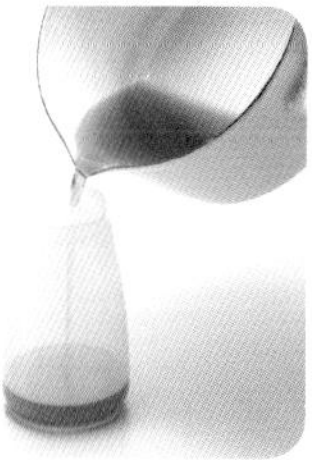

保存容器に移す。ガムシロップと同じ糖度60％なので約1か月はもつが、糖度を下げると腐りやすくなる。

⑥

ティースカッシュを作る。よく冷えた炭酸水をグラスに注ぎ、好みの量のティーシロップを入れる。

ダージリンファーストフラッシュのティースカッシュ

Enjoy making tea syrup

様々な茶葉で作って楽しむ

ダージリンファーストフラッシュで作ると、ティースカッシュも香りが立ち見た目はシャンパン！ フレーバーティーやハーブティーで作るティーシロップもおすすめです。

様々な種類の紅茶に合うお菓子を探しましょう

CHAPTER 2

紅茶とティーフードのマリアージュ

Tea and Foods Marriage

COLUMN

お茶会の話題に

4

ティーセットに花柄が多く使われる理由は？

ティーカップを並べて見ると、花柄の多いことに気づきます。女性は花が好きだから、と簡単に思っていましたが、そうではないようです。

アフタヌーンティーが貴族の間で広まった19世紀の頃は、花を温室栽培することは費用がかかり難しく、冬に食卓に生花が飾られれば、それは最高の贅沢で貴族のステイタスでした。

そうした花の高価さと少なさをカバーする意味もあり、アフタヌーンティーのティーセットには花柄が好んで使われたようです。ただし、男性が主体のパーティーでは、花柄は避けられたようです。

Part1

紅茶に合う
定番ティーフードを作る

アフタヌーンティーの定番ティーフードは
スコーン、ビスケット、そして
キューカンバーサンドイッチです。
作り方はとても簡単ですので、
手作りでお客様をもてなしてください。

Scone

＝その1＝

スコーン

ティーフードの定番スコーンは、焼きたてを食べるのが一番おいしいといわれます。簡単ですので手作りを。

すっかり日本に定着したスコーンですが、16世紀にはすでにその原型があり、19世紀後半に今の形に。その名前は、誕生の地スコットランドの国王が戴冠式に座る椅子の土台の石「The Stone of Scone」に形が似ているからつけられたとか。他にも説があるようです。

王様に関係しているのでスコーンを食べるときにナイフは使いません。中央のオオカミの口を手で割るのが、イギリス式食べ方。ちなみにオオカミの口はスコーンがおいしく焼けたサインです。

そこに塗るのが、ジャムとクロテッドクリームです。クロテッドクリームはバターと生クリームの中間のようなもの。手に入らないときは生クリームで代用品が作れます。よく冷やした生クリームをシェーカーのような容器に移し、振り続けます。液体から固形になるときにゴロっとした感触があり、それが出来上がりのサインです。

How to make Scones

イギリスに留学していた友人がホストマザーから教わったレシピです。
料理は得意でない私でも、一度も失敗したことがありません。

［材料］8個分
薄力粉200g　ベーキングパウダー小さじ2
グラニュー糖大さじ1　無塩バター 50g　牛乳100ml

［作り方］

❶_ バターを1cm角のサイコロ状に切り、ボウルに入れて冷蔵庫へ30分。

❷_ ①のボウルに粉を入れ、指先ですり合わせてサラサラの状態にする。

❸_ 牛乳を少しずつ加え混ぜ合わせる。湿度により固まり具合が変わるので少しずつ加えるのがコツ。

❹_ こねすぎると膨らまないので、まとまればOK。生地をラップに包み、冷蔵庫で30分ほど休ませる。バターが溶けているとさくさくの仕上がりにならない。

❺_ 生地を広げて、2cmほどの厚さにしたらスコーン専用の型で抜く。型で抜いた断面はさわらないこと。オオカミの口が出来なくなるから。

❻_ クッキングシートを敷いた天板に並べ、表面にツヤを出すため牛乳か卵の黄身を塗る。卵のほうがツヤが出る。

❼_ 190度にセットしたオーブンの下段で20分焼く。

この日はストレートでしたが、スコーンにはミルクティーがよく合うのでアッサム種をおすすめ。なかでも私は、しっかりとした味わいと適度な渋味をもっているディンブラを合わせるのが大好きです。カップ・ソーサー・プレートのトリオは「シェリー」。花びらのようなデインティシェイプは私のお気に入りです。

Biscuit

═ その2 ═

ビスケット

軽いティータイムに欠かせないのがビスケットです。
イギリス人はビスケットが大好きで、ビスケット大国です。

ビスケットと紅茶との関係は、日本茶の羊羹やおせんべいのような「お茶の友」でしょうか。もう、何百年も前からの親友です。それだけにいろいろな種類のビスケットが販売されている、イギリスはまさにビスケット大国です。

イギリスのベーシックなビスケットはちょっと硬くて食べ応えのあるオーツ、ショウガ風味のジンジャー、そして全粒粉で作るダイジェスティブの3種類。スコットランドの伝統菓子のショートブレッドも加わりますね。

ビスケットとベストマッチはミルクティーで、アッサム種なら文句なし。油分や味が濃いビスケットには渋味が強めのウバやディンブラを、甘い香りを楽しみたいときはアッサムやルフナの甘い香りの紅茶を、優しい味わいのビスケットならライトなキャンディをおすすめします。ぜひ、飲み比べて、あなたの大好きを見つけてください。

How to make Biscuits

春の「花のティーパーティー」(p108) で紹介したフラワークッキー。
お料理が得意な私の友人が作ってくれました。サクッとしてとてもおいしいです。

[材料] 12個分
薄力粉120g　無塩バター 50g　砂糖40g　卵黄1個分　塩少々
ジャム (イチゴ、マーマレードなどお好みで)

[作り方]
下準備／薄力粉をふるっておく。バターを常温にしておく。

❶_ バターをボールに入れ、泡だて器で混ぜる。クリーム状になったら、砂糖と塩も加え、白っぽくなるまでしっかりと混ぜる。
❷_ ①に卵黄を加えて混ぜ合わせる。
❸_ ②に薄力粉を加え、ゴムベラで切るように混ぜ、ある程度粉っぽさがなくなったら、手でひとつにまとめて、ラップで包み、生地を冷蔵庫で30分以上休ませる。
❹_ 打ち粉 (材料外) をして、生地を綿棒でのばし、5mm程度の厚さにする。
❺_ 花型に型を抜き、半分はそのまま (A)、半分はさらに真ん中に丸型を抜く (B)。
❻_ 180℃のオーブンで10分程度焼く。
❼_ 余熱が取れたら、Aの中央にジャムを置き、Bを上から重ねる。

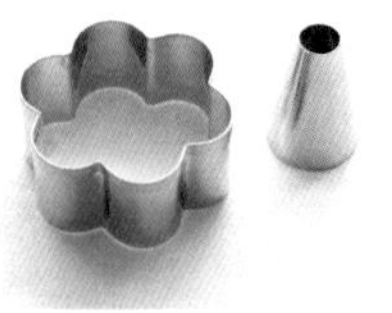

日本で入手しやすい「ウオーカーズ」のショートブレッドとチョコチップのビスケット。マグカップでたっぷりのお茶と。もちろんミルクティーが一番のおすすめ。マグカップ&プレートはウエッジウッドの「ワイルドストロベリープティ」。ウエッジウッド50周年で開発された子供用です。

＝その3＝

キュウリのサンドイッチ

**アフタヌーンティーといえばキューカンバー―サンドイッチですね。
とびぬけておいしいというわけではないのに、あると安心します。**

サンドイッチは18世紀にイギリスのサンドイッチ伯爵が考案。貴族の社交であるアフタヌーンティーにもサンドイッチは欠かせません。当時は特にキュウリのサンドイッチがもてはやされました。それは、キュウリは誰もが食べられる野菜ではなかったから。キュウリを出せるのは、温室を持っているという証明。キュウリのサンドイッチは貴族のステイタスになっていたのです。アフタヌーンティーという社交の場には、もってこいの食べ物だったのですね。

薄く切ったパンにはさみ、手でつまんで一口で食べられる小さなサイズも特徴。それは口を大きく開けずに食べることができ、エレガントさを求められていた、貴婦人のための工夫でした。

キューカンバーサンドイッチの別名は「テーブルの貴婦人」。どんな貴婦人かしらと想いをめぐらすのも楽しいですね。

How to make Cucumber Sandwich

つまんで食べられる大きさであることが条件です。

[材料]6個分
食パン10枚切り2枚　バター・マスタード適量　キュウリ1／2本

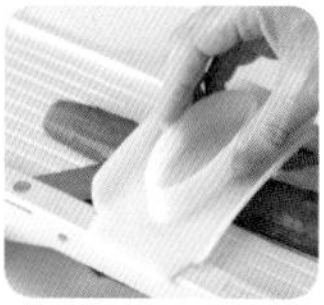

[作り方]
❶_ バターとマスタードを合わせたものをパンに塗る。
❷_ キユウリは出来るだけ薄くカット。野菜を薄く切るスライサーを使うと均等な薄さにカットができて便利。
❸_ 写真のようにキユウリを斜めにパンに置くと、切り口がきれいで見栄えがよい。
❹_ パンでサンドし、パンとバター、キュウリがなじむように軽くプレスする。
❺_ パンの耳をカット。
❻_ パンを半分にカットし、それぞれを3等分にカット。2枚から6個作る。
❼_ 乾燥しないように、テーブルに出すまではラップをかけておくといい。

＊キユウリの面が表にくるようにパンを巻くロールスタイルを加えると
キューカンバーサンドイッチがおしゃれなティーフードになる。

ロールスタイルのキューカンバ―サンドイッチにピックをさしておしゃれに演出。キュウリに触れることなくいただけるので一石二鳥です。ティーカップはアウガルテンの「ウィンナーローズ」。白磁の美しさや手描き模様が素敵。また、縁のカーブが絶妙で、口当たりのよいところがお気に入りです。

COLUMN

お茶会の話題に

5

ティーパーティーで話題にしてはいけないことは？

昔の日本では嫁入り前の女性は、花嫁の心得として華道や茶道を習ったそうですが、イギリスでは花嫁の心得はティーメイクで、アフタヌーンティーの社交術を身につけることが望まれたそうです。

アフタヌーンティーは優雅にゆったりと楽しむもの。そして会話のセンスも大切で、話題にはタブーがありました。それは子供の話、政治、宗教、そして陰口です。これはアフタヌーンティーに限らず、様々な方が集まるパーティーではマナーになっていますね。お茶の時間ですから、お茶やカップ、テーブルコーディネートの話がいいですね。

Part 2

ティーフード40に
合う紅茶を見つける

ケーキや焼き菓子、和菓子、スナック菓子、
そしてフルーツのなかから40の
よく知られているものをピックアップ。
それらとベストマッチの茶葉を紹介しましょう。

Marriage

紅茶と食べ物のマリアージュって？

**おいしい紅茶においしいお菓子があったら、最高に幸せ。
そんな至福のときのために、紅茶に合うティーフードを探してみましょう。**

「今日のケーキはモンブランなので、紅茶はアッサムにしましょう」。こんな風にケーキと紅茶を選んでいますか？

紅茶は合わせる食べ物により、驚くほどおいしさが変化します。ベストマッチなら、紅茶と食べ物がお互いのよさを引き出して、至福のときをプレゼントしてくれます。反対に、相手を間違えると悲しい結果になりかねません。

組み合わせることをペアリングとかマリアージュと呼びます。マリアージュはフランス語で結婚の意味。素敵なマリアージュは、おいしさが足し算ではなく掛け算になります。

私もペアリングを始めたころは、ひとつの食べ物に対し様々な茶葉の紅茶を飲みました。首をかしげながら飲み続け、ベストマッチがわかると本当に感激します。そして、紅茶への興味がグーンと広がります。

ベストカップルの見つけ方をお話ししましょう。結婚の相手や親友になる友だちと仲良くなるには、お互いを知り、理解することが大切ですよね。紅茶と食べ物の関係も同じといえます。

一口に紅茶といっても、産地や季節、等級、ブレンドなどにより、味や香りの特徴が様々です。紅茶の種類による相違点を知っておくことがまず必要です（P10〜参照）。また、食べ物についても同じことがいえます。味、香り、脂っこいのかさっぱりかなど特徴を知りましょう。

ベストマッチを探す実験を繰り返しているうちに、おいしいマリアージュになるルールのようなものがあることに気がつき、3つに大別してみました。もちろん、これは私の味覚が判断したことです。これを参考にして、あなたの味覚のマリアージュを探してみてください。

マリアージュのルール3
紅茶と相性のよい食べ物の見つけ方

Rule 1

ハーモニーを楽しめる組み合わせ

似た風味のものを合わせると、その風味が強調され、よりおいしく感じられるということです。〈例えば〉バニラの甘い香りがするシュークリームには甘い香りのアッサムを。よりおいしさが強調されます。

Rule 2

リセットする組み合わせ

コーヒーに砂糖を入れて苦味を抑える、レモンに蜂蜜で酸味を和らげるというように、強い味を引き算する、抑制効果をいいます。〈例えば〉渋味が強いウバにはチョコレートを合わせると、チョコレートの油分で渋味が和らぎます。

Rule 3

五味を補完する組み合わせ

甘味・酸味・塩味など5つの基本味覚（五味）のバランスがよいときが、おいしいと感じるといわれます。〈例えば〉シフォンケーキやワッフルなど甘味が単調なお菓子に、紅茶の酸味が加わると、味わいに変化が出て、よりおいしく感じます。

Marriage-1

ケーキ

Cake

ストレートティーは脂肪分を含んだ食べ物が合い、
その点、ケーキとの相性は抜群です。
タンニンが脂肪分を分解するので口の中がさっぱり。
次のひと口が新鮮においしく感じます。

ロールケーキ×アッサム

アッサムのほどよい渋味が生クリームをさっぱりとさせてくれ、甘い香りはスポンジケーキにマッチ。セカンドチョイス：味わいをスッキリさせたいならディンブラを選んで。

Marriage-2

焼き菓子

Baked sweets

マドレーヌやカステラ、ビスケットなど
焼き菓子は紅茶との相性が抜群！ストレートでもおいしいけれど、ミルクティーなら一体感も出て、よりベストマッチ。

バームクーヘン×ディンブラ

ストレートならオーソドックスのアッサム、ミルクティーなら渋味が強めのディンブラを。セカンドチョイス：コクがある味わいになるCTCのアッサムもおすすめです。

Marriage -3

和菓子

Wagashi

和菓子に紅茶は合うかしら？
と疑問をお持ちの方も多いでしょう。
緑茶に似た風味の紅茶もあり、また、餡と
相性のよい紅茶も。ぜひ、試してみてください。

お饅頭×ダージリンファーストフラッシュ

上品な甘さの餡がぎっしり詰まったお饅頭には、爽やかで渋味が適度に強いダージリンのファーストフラッシュを。セカンドチョイス：ニルギリの青っぽい香りもさっぱりとしていい。

Marriage -4

果物

Fruit

ブドウ、スイカ、マンゴーと、
それぞれのフルーツにも相性のよい紅茶があり、
お互いのよさを引き立て合います。
ホットでもアイスでも、ときにミルクティーでも。

ブドウの和菓子にも合う

ブドウ×ダージリンセカンドフラッシュ

ダージリンといえばマスカットの香りといわれるマスカテルフレーバーとブドウの香りはベストマッチ。ブドウの和菓子にも合う。セカンドチョイス：キャンディはブドウの渋さをまろやかに。

このケーキにはこの紅茶がベストマッチ

Cake tea

ケーキ×紅茶

カスタード系、チョコレート系、チーズ系などオーソドックスなケーキ８種類を取り上げました。脂肪分の多いケーキはストレートティーがおすすめです。

アッサム

シュークリーム系

Cream puffs type

カスタードクリームとアッサムの甘い香りが奏でるハーモニーを楽しんで。クリームの種類で合う紅茶も変わる。

—

セカンドチョイス：スッキリと楽しみたいときは、ディンブラをチョイス。

プリン

Pudding

シンプルなカスタードクリームのプリンは、シュークリームと同様で、双方の甘い香りが奏でるハーモニーがよい。

—

セカンドチョイス：ルフナのスモーキーで奥深い甘い香りも濃厚なプリンによく合う。

モンブラン

Montblanc

アッサムにあるモルティ―フレーバーという栗やお芋のような香りは、モンブランとの相性抜群。ストレートでどうぞ。

—

セカンドチョイス：サッパリとした組み合わせにしたいときは、ディンブラがおすすめ。

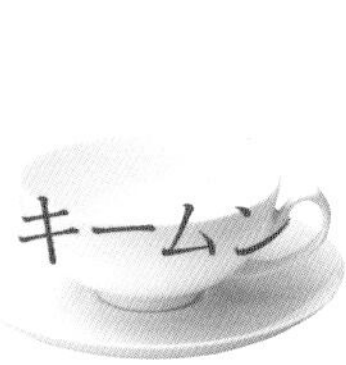

キームン

Cheese type

チーズのクセとキームンのクセ、クセのあるもの同士で相性がよい。

—

セカンドチョイス：ルフナもスモーキーさがあるので、チーズによく合う。

キームンのスモーキーなクセが合う。

チーズ系

ウバ

チョコレート系

Chocolate type

チョコレ ートの濃厚さに負けず、鋭い渋味がチョコレートの油分をスッキリリセットしてくれるウバをチョイス。

—

セカンドチョイス：ディンブラもきりっとした渋味があり、チョコレートに合う。

シフォンケーキ

脂肪分が少ないのでミルクティーでも。

ヌワラエリヤ

Chiffoncakes

シフォンケーキはバターでなくオイルを使うので、適度な渋味と繊細な味わいの紅茶がマッチ。ミルクティーもおいしい。

—

セカンドチョイス：ダージリンオータムナルは優しい味わいで、渋味も控えめなので合う。

ニルギリ

Shortcakes

クセのないニルギリはイチゴの酸味との相性もよく、生クリームを適度にさっぱりさせてくれるのでピッタリ。

—

セカンドチョイス：クセがないキャンディもフルーツと相性がよい。

イチゴのショートケーキ

アップルパイ

Applepie

リンゴのフィリングがたっぷりのアップルパイには、ニルギリのクセのないさっぱりした味わいが合う。

—

セカンドチョイス：ダージリンオータムナルの香りもリンゴと相性がよい。

この焼き菓子にはこの紅茶がベストマッチ

Backed sweets　tea

焼き菓子×紅茶

ナッツやフルーツ、ジャムなどが入ったものもあり、
焼き菓子はバリエーションが豊富。それも加味して選んでみました。

Lemon

レモンの香りには、柑橘系の香りがするニルギリがピッタリ。レモン以外にも柑橘系スイーツにはニルギリを。

—

セカンドチョイス：キャンディもフルーツ系のケーキに合う。

レモンの香りがより引き立つ。

レモンケーキ

パウンドケーキ（ミックス）

Pound Cake

様々なドライフルーツやナッツ類が入った複雑な味わいには、ディンブラが上手に味をまとめてくれる。

—

セカンドチョイス：アッサムの甘い香りで、様々な味をまろやかな組み合わせに。

レーズンサンド

Raisin sand

レーズンのほんのり香るラム酒が、ディンブラのしっかりした味にマッチ。ディンブラは香りもよく合う。

—

セカンドチョイス：ルフナの深みある味わいも、レーズンやラム酒にマッチする。

ロシアケーキ

Russian cake

ソフトな食感のロシアケーキはしっかりとした甘みが特徴。スッキリとしつつコクもあるディンブラのミルクティーを。

—

セカンドチョイス：マイルドな組み合わせにしたいときは、渋味が穏やかなルフナを。

アッサム

フィナンシェ

Financier

香ばしいフィナンシェの香りには、アッサムのモルティーフレーバーが合う。

—

セカンドチョイス:キャンディの甘い香りもさっぱりと楽しみたいときにおすすめ。

Wafle

深味のある甘味のパールシュガーを使ったワッフルには、甘味とコクを感じるアッサムがピッタリ。

—

セカンドチョイス:ルフナの甘い香りもワッフルによく合う。

ワッフル

甘味とコクのアッサムを。

ルフナ

マドレーヌ

パイ

Madeleine

甘い香りで渋味がマイルドなルフナが、マドレーヌの優しい甘さに合う。

—

セカンドチョイス:アッサムもコクと甘い香りの紅茶。

Pie

重厚な味わいでコクのあるルフナはバターの香ばしさにも、深みのある白ザラメにも上手につき合ってくれる。

—

セカンドチョイス:ディンブラでスッキリ合わせるのもGOOD。

この和菓子にはこの紅茶がベストマッチ

Wagashi tea

和菓子×紅茶

日本料理に合うワインがあるように、小豆餡や黒蜜の和菓子に合う紅茶も。
素材が異なる和菓子を主に相性のよい紅茶を紹介します。

キームン

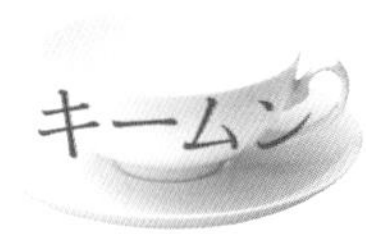

Neri Kiri

上品な味わいの白餡がベースの練り切りには、質のよい蘭の香りがするキームンをおすすめ。

—

セカンドチョイス：緑茶のように爽やかなダージリンファーストフラッシュも白餡に合う。

和菓子の王妃には
蘭の香りのキームンを。

練り切り

最中

ダージリン1st

Monaka

粒餡もこし餡も、上品で繊細な甘さなら、さわやかで適度な渋味のある上質なダージリンファーストフラッシュがベストマッチ。

—

セカンドチョイス：スッキリしたニルギリも餡と相性◎。

草餅

Kusamochi

緑茶に似ている、ダージリンファーストフラッシュの清々しい香りと軽やかな味わいが、草餅にGOOD。

—

セカンドチョイス：香ばしさのあるセカンドフラッシュも草餅の香りを引き立てる。

ダージリン2nd

Mitarashi Dango

ダージリンセカンドフラッシュの中でも強めに焙煎され香ばしさが加わったものは、みたらし団子の香ばしさと調和して、おいしさがより強調される。

—

セカンドチョイス：キームンは醤油などの塩味のあるものに合う。

みたらし団子

ディンブラ

どら焼き

Dorayaki

スッキリして渋味のあるディンブラが合うが、意外にもストレートよりミルクティーが味を引き立て合う。

—

セカンドチョイス：さっぱりと合わせたいときは、ダージリンファーストフラッシュで。

アッサムのコクが引き立つ。

アッサム

かりんとう

Karinto

アッサムはかりんとうの油分をスッキリさせてくれ、さらに、アッサムのコクがかりんとうの甘さに合う。

—

セカンドチョイス：キリっとした渋味のディンブラも油分をスッキリさせてくれる。

寒天（黒蜜）

Kanten

黒蜜をかけていただく寒天にはルフナをチョイス。ルフナには黒蜜のようなコクのある甘い香りがあるので。

—

セカンドチョイス：甘い香りのアッサムも黒蜜と相性がよい。

ルフナ

ヌワラエリヤ

くず桜

Kuzusakura

ヌワラエリヤは若葉のような香りと共に花のような香りも併せ持つ紅茶。その繊細な香りは桜の香りとの相性がとてもよい。

—

セカンドチョイス：ダージリンファーストフラッシュの若葉のような香りも桜と合う。

このお菓子にはこの紅茶がベストマッチ

Snack *tea*

スナック菓子 × 紅 茶

手軽に買えて、おしゃべりに華を咲かせてくれるスナック的菓子類。
紅茶とのマリアージュを楽しんでください。

果汁のゼリー

Jelly

フルーツの香りを楽しむためには、あまりクセがなくサッパリとした味わいのキャンディを。ほんのりとした甘さもゼリーに合う。

—

セカンドチョイス：ニルギリもクセがあまりないので合わせやすい。

Senbei

醤油味や塩味など塩味が効いたものには、旨味成分が豊富なキームンを合わせるとおいしさが倍増。

—

セカンドチョイス：緑茶に似た味わいのダージリンファーストフラッシュも相性がいい。

おせんべい

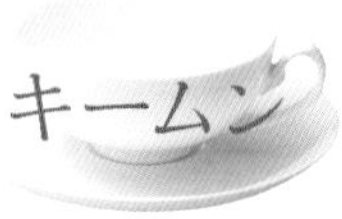

Potato chips

ポテトチップスの油っぽさをスッキリさせてくれる、きりっとした味のディンブラが一番合う。

—

セカンドチョイス：味わい深くコクのあるアッサムも、油分をスッキリさせてくれる紅茶。

ポテトチップ

Nuts

ナッツの香ばしい香りには、大地のような香りのあるアッサムがよく合う。コクがあるところもナッツにぴったり。

—

セカンドチョイス：旨味がたっぷりでスモーキーな香りのキームンもおすすめ。

ナッツ

この果物にはこの紅茶がベストマッチ

Fruits tea

果物×紅茶

フルーツと紅茶の相性はよく、フルーツティーパンチも紹介しました。
ここでは、個々の果物とのベストマッチを探してみましょう。

Peach
桃

キャンデイ

キームンにも合うがおすすめはキャンディ。桃の渋味を抑え、繊細な香りを引き立ててくれるのはキャンディ。

—

セカンドチョイス：ニルギリのさわやかで青っぽい香りがよい。

Pear
梨

キームン

中国産のよい香りのお茶は、梨や桃に例えられる。キームンのもつ香りが梨に合う。

—

セカンドチョイス：ニルギリのさわやかで青っぽい香りがよい。

Grapes
ブドウ

ダージリン2nd

ダージリンのマスカルフレーバーは、マスカットでない品種のブドウにもよく合う。

—

セカンドチョイス：キャンディはブドウの渋さをまろやかに。

Banana
バナナ

アッサム

アッサムの甘い香りがバナナとよく合う。ミルクティーにしても美味。

—

セカンドチョイス：スッキリ合わせたいときのおすすめはディンブラ。

Watermelon
スイカ

キームン

塩を振ったスイカにはキームンがおすすめ。塩味・甘味・酸味・旨味が揃い、おいしいマリアージュに。

—

セカンドチョイス：サッパリしたニルギリは、どんなフルーツとも相性バッチリ。

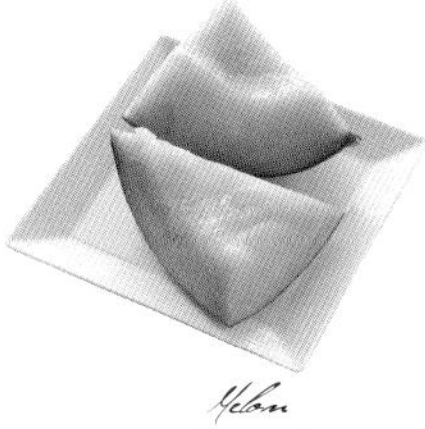

Melon
メロン

キャンディ

独特なメロンの香りと甘さを堪能するには、まろやかな味わいのキャンディがぴったり。

—

セカンドチョイス：渋みがマイルドで甘い香りのするルフナもおすすめ。

紅茶とのマリアージュ探し
ペアリングパーティーを開きませんか？

紅茶が大好きな仲間と開いたペアリングパーティー。そのレポートをお伝えします。とても楽しい時間ですので、ぜひ開いてみてください。

「ひつまぶし」のペアリング

「ひつまぶし」をご存じですか？うなぎの蒲焼のお茶漬け。海苔、ワサビ、ねぎを薬味に、出汁をかけていただく、名古屋発祥の味（諸説あり）です。

このひつまぶしを友人たちと食べていたとき、友人の一人が言った「出汁を紅茶にしたらどうかな」の一言で、8月のティーパーティーはひつまぶしパーティーに。

＊

ここでうなぎの分析を。うなぎの蒲焼には五味のうち、4つがすでに入っています。

甘味・塩味…うなぎのたれ
苦味…うなぎのこげ
旨味…うなぎとたれ

P81で紹介したマリアージュのルールのうち「五味を補完する組み合わせ」をあてると、不足は酸味。酸味を紅茶で補えば五味が満たされたことに。また、もうひとつのルール「リセットする組み合わせ」を考えると、うなぎの脂っこさを紅茶がすっきりさせてくれれば、パーフェクトになります。

＊

この2つのルールをクリアする茶葉を考えたとき、すぐに思いあたったのが、ダージリンセカンドフラッシュです。火入れがしっかりして香ばしい香りがするものがベストです。香ばしい香りがうなぎの香ばしさとの相乗効果で、よりおいしく感じられます。キャッスルトン茶園のものを選びました。

＊

うなぎは評判のうなぎ屋さんで、三河産のうなぎを奮発して購入。このうなぎでひつまぶしを作り、薬味も用意し、丁寧に淹れたダージリンセカンドフラッシュをかけて…。いやな脂っこさが消え、とにかく想像以上のおいしさにびっくり！ぜひ、このマリアージュを味わってみてください。

Hitsumabushi　Pairling party

「モンブラン」のペアリング

「ケーキに合う紅茶のマリアージュ」を探すティーパーティーを10月に開きました。秋といえばモンブラン。9種類のモンブランに、用意した紅茶はルフナ、キャンディ、ウバ、アッサムの4種類。

マリアージュを探すには紅茶のことだけでなく、相手のケーキについても知識が必要。そんな話からスタートです。

*

モンブランはフランス語で「白い山」。イタリア語では「モンテ・ビアンコ」。イタリアの家庭でその昔作られていたお菓子「モンテ・ビアンコ」からきています。モンテ・ビアンコは栗のペーストにお砂糖を加え、生クリームを添えて食べる。このお菓子をヒントに作られたのがモンブランです。

一方、日本で「モンブラン」として広まったお菓子は、このモンテ・ビアンコとは味も姿も異なります。スポンジケーキの土台にカスタードクリームと黄色のマロンクリームがのったもの。日本人はカスタードクリームが大好き、マロンクリームは栗きんとんの黄色から。日本人の好みが重視されたのです。

*

さて、カップル探しは楽しく進みました。何しろ9種類のモンブランが食べられるなんて参加した人も私も初体験。それに4種類の紅茶ですから、36種類の味の組み合わせを試したことになります。とっても幸せでした！

モンブランに合う紅茶は？

私がモンブランに合うと思った茶葉はアッサムとルフナでした。アッサムはフランス風の、ルフナは日本風のモンブランに合うと感じました。ただひとつ和栗のモンブランにはアッサムも合いますが、ウバもおいしいと感じました。

Montblanc　Pairling party

目覚めから就寝まで
英国式紅茶のある生活

イギリス人の紅茶と過ごす1日の生活を紹介しましょう。
あなたの生活にも、紅茶とともにゆとりと優雅を取り入れてみませんか？

紅茶好きなイギリス人。1日に平均して4～5杯の紅茶を飲むそうです。でも「1日に7回のティータイムがある」といわれているぐらいですから、昔はもっと飲んでいたのかもしれませんね。紅茶を飲みながら、それに伴うゆとりや優雅な時間を大切にしていたのだと思います。では、食事以外の主なティータイムを紹介しましょう。

AM 6:00

アーリーモーニングティー

別名「ベッドティー」といいますが、朝、起きぬけにベッドで飲む1杯。この贅沢な習慣はヴィクトリア朝の貴族の間で生まれたとか。メイドが女主人に運んだ紅茶は、やがて男性が女性への愛情表現として運ばれるようになりました。素敵ですね。

朝のティーは頭も体も爽快にしてくれますよ。

AM 11:00

イレブンジズ

午前11時頃に紅茶を飲むカジュアルなティータイム。もともとはヴィクトリア朝に、メイドたちが仕事の合間に楽しんだティータイムで、その後、工場やオフィスにもイレブンズティーの習慣が導入され、仕事の士気を上げたといわれます。

イレブンジズの紅茶につきものは、ビスケットやバターつきパン。考えてみると日本にも同じような習慣がありますね。「10時のおやつ」です。庭師さんや大工さんに10時にお茶とお菓子を出す習慣です。

PM 3:00

ミッディ・ティーブレイク

アフタヌーンティーとほぼ同じ時間15～16時頃の、「3時のおやつ」といった軽いティータイムで、

ビスケットやショートブレッドとともにミルクティーをいただきます。ショートブレッドはサクサクした感触のバタークッキーのことで、イギリス人が大好きなお菓子のひとつです。

PM 4:00

アフタヌーンティー

パーティーの香りもするお茶会アフタヌーンティー。この優雅なティータイムはヴィクトリア朝に生まれ、考案したのはベッドフォード公爵夫人のアンナ・マリア。

アフタヌーンティー誕生の舞台裏の話を少ししますね。当時のイギリス貴族の食事は1日2回。遅い朝食の後は20時頃のディナーまで、空腹を我慢しなくてはなりませんでした。マリアさんは空腹に耐えきれず、密かに自室で紅茶とバターつきパンをいただくように。これが至福のときになり、彼女は友人を招いたときもお茶をするようになり、招く日はテーブルを整え、お気に入りの器を揃えて…。やがて、これが優雅な社交の場へと発展していったのです。

PM 5:00

ファイブオクロック

ミッディ・ティーブレイクと近い時間で、ハイティーと同じ時間帯ですが、目的により名前が異なります。ミッディ・ティーブレイクのティーフードはビスケット、ファイブオクロックティーは軽食とともに、ハイティーは夕食代わりのティータイムです。

ファイブオクロックでは、仕事の後に観劇などに行き、ディナーは観劇後というときに、小腹を満たすぐらいのティーとティーフードをいただきます。

PM 5:00

ハイティー

スコットランドやアイルランドの労働者階級から始まった習慣で、ディナーほど堅苦しくない夕食代わりになるティータイムです。ですからティーフードは肉や魚・卵などの料理に、スコーンやケーキなどが並びます。「ハイティー」という名前から、「格式が高い」と思われがちですが、このネーミングは食事用のハイテーブルを使うことからきています（諸説あり）。ちなみに、アフタヌーンティーはローテーブルが使われていました。

PM 9:00

アフターディナーティー

ディナーの後のくつろぎの時間にいただくお茶です。19世紀には、ディナーの後には男性は図書室、女性は応接間に移り、アフターディナーティーを楽しみました。男性は好みのお酒を加えて、女性は薄めのミルクティーやハーブティーをいただきながら、おしゃべりに興じたのでしょう。

現在なら、ダイニングからリビングに移り、照明も落としてお茶をいただく。最高のリラックスタイムですね。

PM 11:00

ナイトキャップティー

寝る前に飲む紅茶で、私はこの習慣が大好きです。大切な自分だけの癒しの時間。疲れた1日や平凡な1日が、ナイトキャップティーのマジックで素敵な1日に変わるのです。

お菓子はいただきませんから、甘くしたフレーバーティーやハーブティーを楽しみます。不眠が心配の方は薄めの紅茶や、カフェインレスの紅茶はいかがですか。

Nightcap tea

何かいいことがあったときは自分にチョコレートのご褒美を。紅茶はチョコレートに合うウバのミルクティー。心も体もゆったりと、ほっとします。カップは「コウルドン」のアンティーク。ちょっと豪華に演出。

心を込めてお茶を淹れ、友人と優雅なひとときを

CHAPTER 3

アフタヌーンティーを楽しむ

Enjoy
Afternoon tea

心を込めたおもてなしとは…

紅茶をおいしくいただくポイントやお菓子とのマリアージュをお話してきました。
ここでアフタヌーンティーを楽しむためのまとめのお話しをします。

銀のポットに豪華なカップ…、アフタヌーンティーというと優雅なティータイムというのが誰もが描くイメージですね。ところが、アフタヌーンティーの誕生のきっかけは、ある公爵夫人の空腹からでした。その夫人の名前はベッドフォード侯爵夫人、アンナ・マリア。「英国式紅茶のある生活」のページですでにお話ししましたね。やがて、この優雅なお茶会はイギリスにとどまらず世界各国に伝わりました。

　そして、今、私たちもこの優雅なお茶会を楽しむことができるのですね。

イギリス人の日常に根づき 優雅な生活を守る アフタヌーンティー

＊友達づき合いに

　アフタヌーンティーはホテルでいただくもの、と思われがちですが、もともとは自宅で行われていました。ゲストをお招きして、心から用意した紅茶とティーフードを楽しんでもらう、おもてなしの習慣で、貴族の女性が好んだ社交のひとつでした。

　貴族社会から始まったことですが、その後、アフタヌーンティーはイギリス人の生活になくてはならない日常的習慣になりました。例えば、イギリス人が友だちづきあいのきっかけをつくるのが、この午後の紅茶。「お茶を飲みにきませんか」と誘われたら、それは友だちになりましょうという意思表示なのです。私も知り合いになったばかりの人をお茶会にお招きします。お招きといっても、とてもカジュアルにですが…。

　また、アフタヌーンティーはなにも、ゲストをもてなすお茶会だけに限りません。家族で楽しむ大切な時間にもなります。ｐ１１０で紹介する「ウィークエンドシトロン」なんていかがですか。

Afternoon tea

＊3段スタンドって

アフタヌーンティーというとシルバー製の3段スタンドが象徴的ですね。でも、本書ではほとんど登場していませんが、ちょっとスタンドのお話をしましょう。

このスタンドはアフタヌーンティーの誕生時からあったのではなく、必要に応じて使われ出したようです。

当初はサーヴァント（召使）がゲスト一人ひとりにサービスするスタイルでした。サンドイッチ、スコーン、ケーキ類のティーフードが定着すると、サンドイッチがまず出され、続いてスコーン、ケーキが。ところがゲストの食べるスピードがまちまちで、出すタイミングが難しい。そこで床に置く70cmはあるスタンドが登場。テーブルにのせる現在のタイプは、ホテルでアフタヌーンティーが提供されるようになってからでした。

ところで3段スタンドには、下からサンドイッチ、スコーン、ケーキ類をのせるのが一般的で、食べる順番はサンドイッチ→スコーン→ケーキ類です。

ゲストが喜ぶ アフタヌーンティーの おもてなしスタイル

「3段スタンドがない」「お見せできるカップがない」という声をよく聞きますが、確かに、アフタヌーンティーが約１７０年前の貴族のお茶会だった頃は、茶器や設えにお金をかけ、贅沢を競う風潮がありましたが、今は違います。ただ、「優雅に、贅沢に、美しく」は今でもいえます。でも、この言葉の意味することが、１７０年前と同じではないということです。

＊3つのおもてなしポイント

アフタヌーンティーは日本の茶道と似たところがあります。それは「おもてなしの心」です。茶の湯を催す日には庭の手入れ、季節に合

Afternoon tea

わせた設え、その日に相応しいお茶やお菓子を用意。すべてお客様が優雅に、ゆったりとくつろげる配慮です。茶道もアフタヌーンティーも根底にあるおもてなしの心は同じではないでしょうか。

　アフタヌーンティーを自宅で行うときのおもてなしの私なりのポイントを考えてみました。

1・心をこめてお茶を淹れる
2・お茶とお菓子がベストマッチに
3・設えは美しく

❶心をこめてお茶を淹れる

　アフタヌーンティーでは、まずおいしい紅茶を飲んでいただくことがおもてなしのポイントです。本書の「1章」でお話しした、茶葉や産地を参考にして丁寧に淹れてみてください。季節やゲストの好みを考え合わせるといいですね。

❷お茶とお菓子のベストマッチ

　アフタヌーンティーの定番ティーフードでなくてももちろんいいのです。イギリスでは手作りを大切にしますが、市販のものでもOK。ポイントは紅茶との相性です。本書の「マリアージュ」のページを参考にしてください。

❸設えは美しく

　アフタヌーンティーの場には「美」が求められます。紅茶も食べ物もテーブルの設えも、すべてがハーモニーを奏でて、はじめて優雅を共有できると思います。

　欧米ではパーティーはパフォーマンスといわれます。「表現する・演出する」という意味です。アフタヌーンティーの食卓も楽しく、会話が弾むようなアレンジが望ましいですね。それにはテーマを決めると設えやティーフードが決めやすくなります。また、茶道の考え方と同じで、ゲストが門や玄関を入ったところからおもてなしが始まります。でも固く考えないで。一番大切なことはみんなで大いに楽しむことですから。

HAPPY NEW Year

女友だちとお茶会

家族が集まるお正月の働き手は昔も今も女性ですね。勤め先や学校がスタートするとホッと一息。9月15日は小正月、またの名を女正月といい、忙しかった女性たちをねぎらう日です。さあ、友人に声をかけて女正月を祝いましょう。なるべく手間をかけないのがルール。でもお茶は心を込めて淹れましょう。新年のお茶はダージリンファーストフラッシュ。ウエルカムドリンクはお祝いにふさわしい金柑グラッセティースカッシュです。

TEA

● **ウエルカムドリンク：** 金柑グラッセティースカッシュ　炭酸水で水出ししたニルギリに、甘露煮の金柑とシロップを加えます。上等のニルギリがもつ柑橘系の香りが金柑とマッチ。炭酸水のシュッワッと感とほのかな甘さが心地よい。

● **カップティー：** 白玉小豆とお寿司には緑茶が合うので、緑茶に近く、お正月にふさわしいダージリンファーストフラッシュをチョイス。

金柑グラッセティースカッシュ

FOOD

● **白玉小豆：** 小正月の食べ物は小豆粥で、清少納言が書いた「枕草子」にも出てくるので、平安時代にも食べられていたのですね。小豆粥をスイーツで代用してみました。白玉だけは手作りで。お正月らしく金箔を飾りました。

● **手まり寿司：** お寿司は1人前ずつでなく、盛り合わせをおすすめします。豪華ですし、種類も量も好みで選べるので。市販のものなら、カイワレを添えるなど、ひと手間かけるといいですね。

白玉小豆

Table coordinate

和をイメージするシックなアレンジで、新しい年を寿ぎます。
紅茶のカップも白磁の湯飲み茶碗を使い、ポットは銀製を。
色は極力抑え、箸の飾りとスプーンの紅色がアクセントに。

SPRING party

花のティーパーティー

心も華やぐ春の訪れ。家で「お花見お茶会」を開きませんか。お花は、色鮮やかなエディブルフラワー。主役はエディブルフラワーでデコレートされたホールケーキにブーケサンドイッチ。シフォンケーキに生クリームを塗っただけなのにこんなにおしゃれに。ウエルカムドリンクはレッドティースカッシュ。カップティーはアッサムを選びました。テーブルに春の妖精が舞い降りたようですね。

TEA

● ウエルカムドリンク：レッドティースカッシュ　ハイビスカスとローズヒップのハーブティーで作ったティーシロップを、炭酸水で割ったものにエディブルフラワーを浮かべます。

● カップティー：アッサムは生クリームたっぷりのケーキと相性がよく、サンドイッチやクッキーにも合います。

レッドティースカッシュ

FOOD

● フラワークッキー：イチゴのジャムとマーマレードがアクセントに（作り方p74参照）。ひと口サイズのかわいいクッキーです。

● ブーケサンドイッチ：食べるのを躊躇してしまう美しいサンドイッチ。でも作り方はとても簡単です。

❶1斤10枚切りのパンの耳を取る。センターにポテトサラダ、イタリアンパセリをのせる。
❷①の上に彩を考えてエディブルフラワーをのせる。
❸花束を作るように巻き、きれいなセロファンで包みリボンを。

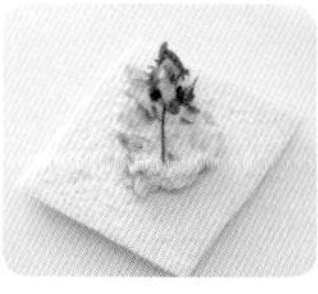

ブーケサンドイッチ

Table coordinate

春にちなんでピンクのイメージでコーディネート。
ティーカップにケーキ皿、クッキープレートはシェリー
（1920年代から活躍したイギリスの女性陶芸家）でまとめました。

WITH FAMILY
at Weekend

家族が集う

フランスでは週末に家族が集い、柑橘系のお菓子を食べるのが習慣だそうで、このお菓子が「ウィークエンドシトロン」。柑橘系のフルーツを使ったパウンドケーキに、グラスアローのお化粧がされている焼き菓子です。とてもおしゃれな習慣ですね。紅茶は柑橘系に合うニルギリを用意しました。母の日や父の日を兼ねて、ウィークエンドシトロンを囲んで週末に家族とパーティーもいいですね。感謝のカードを添えて…。

TEA

● カップティー：ニルギリ　柑橘系のフルーツに特に合い、またクセのない味わいなのでどんな食べ物にも合わせやすい利点があります。

FOOD

● キューカンバーサンドイッチ：どんな時間帯でもこのサンドイッチならうれしい。ニルギリとも合います（作り方p76参照）。

「ウィークエンドシトロン」を日本流に

レモン型が主流の「レモンケーキ」が様々なブランドで販売されています。レモンケーキは昭和40年代に大流行したので、ブームの再来ですね。「ウィークエンドシトロン」が手に入らないときは、「ウィークエンドレモンケーキ」はいかが。レモンケーキにホワイトチョコレートがコーティングしてあれば、紅茶はキームンが一番合い、グラスアローならニルギリをおすすめ。

レモンの形と色が爽やかなレモンケーキ。甘さもほんのりで紅茶とマッチ。

Table coordinate

家族が集うので、茶を基調にした落ち着いた雰囲気で
コーディネート。茶器セットはスージークーパー
（1920代から活躍したイギリスの陶芸家）の「クレヨンライン」。

SUMMER *party*

北欧のミッドサマーパーティーを

ミッドサマー（夏至）は北欧ではクリスマスと同じくらいメジャーで、前日には夏至を祝うパーティーが開かれます。夏至から長いサマーホリデーに入るので、その前日に集まり、夏休みを大いに楽しみましょうという前夜祭でもあるとか。ウエルカムドリンクは北欧をイメージしてミッドサマーティースカッシュに。この日は占いもよく当たるそうで、花占いやドーナッツ占いなどが行われるとか。紅茶占いで盛り上がるのもいいですね。

TEA

● ウエルカムドリンク：ミッドサマーティースカッシュ
北欧で愛されているフレーバーティー(レモン・ベルガモット・ハーブ・ザクロ・バニラ)にアニスを少量加えたものでシロップを作り、それを炭酸水で割ってベリー類とライムを添えます。

● カップティー：ベリー系ケーキに合うディンブラを選びました。

ミッドサマーティースカッシュ

FOOD

ミッドサマーパーティーの定番メニューは「ポテトサラダ・ニシンの酢漬け・ミートボール・ベリー系スイーツ・ドーナッツ」など。今回はミートボールにスイーツはベリー系ケーキに。ミートボールには北欧の食べ方を真似して、リンゴンベリージャムを添えました。

リンゴンベリーはコケモモのことで、ジャムは様々な料理に添えられる。

Table coordinate

ちょっとかしこまってブルーを基調に、デンマークのブランド、
ロイヤルコペンハーゲンでまとめました。
1775年の創業以来続いている「ブルーフルーテッド」は今も手描きです。

SUMMER *party*

暑気払いお茶会

真夏になると食欲も減退しますが、フルーツはスイカを筆頭に桃、梨とうれしい勢揃い。暑気払いにはフルーツティーパンチが主役のお茶会で元気を取り戻しましょう。おいしいフルーツティーパンチを作るポイントは2点。フルーツは5種類くらい使うと味に深みが出ます。また、フルーツにお砂糖をまぶすと紅茶とフルーツが馴染みやすくなります。フィンガーフードは少し塩気のあるものを用意すると、バランスがとれますね。

TEA

- フルーツティーパンチ：フルーツパンチにするとフルーツから渋味が出てくるが、キャンデイだとこの渋味を抑えてくれます。

- カップティー：ダージリンセカンドフラッシュを。渋味のある紅茶ですが、マスカルフレーバーの香りがフルーツと合います。

FOOD

- フルーツティーパンチ

[材料] 4人前
季節のカットフルーツ500g　アイスティー 500mℓ　グラニュー糖大さじ5

[作り方]
❶茶葉はキャンディで、水出し紅茶を作る。水でも炭酸水でもOK（作り方p59参照）。水と炭酸水を半々にしてもよく、お好みで。
❷フルーツにお砂糖をまぶす。果汁が出るまで約15分待つ。
❸ボウルに②のフルーツを入れ、①の紅茶を加え、ミントを飾る。

- フインガーフード：レンコンチップと梅せんべいにスモークサーモンとオリーブをのせるだけの簡単メニュー。フルーツの甘さによく合う一品。

Fashionable!

Table coordinate

涼し気なガラスの器の中で目を惹くカップは、イギリスの
老舗ブランド「ミントン」の約100年前のアンティークです。
バラをモチーフにしたデザインがテーブルを華やかに彩ってくれます。

AUTUMN *picnic*

青空の下でピクニックティー

英国では戸外で紅茶を楽しむピクニックティーという素敵な習慣があります。ピクニックといってもカップやプレート、クロス類は室内のときと同じものを使うのが英国流。ピクニックティーに便利なティーウェアは、ソーサーがプレートと一体化している「スナックセット」。テニス観戦のときに利用されていたことから「テニスセット」とも呼ばれています。ピクニックアフタヌーンティーのサンドイッチは、いつもよりボリュームのあるものがおすすめです。

TEA

● カップティー：紅茶は、サンドイッチにもスコーンにもスイーツにも合う紅茶の優等生ディンブラを選びました。

FOOD

スコーンはクリームやドライフルーツが練りこまれた、そのままでおいしいケーキタイプを。スイーツは秋のピクニックに相応しい焼きりんごを用意。

● バゲットのカラフルサンドイッチ

［作り方］

❶バゲットを3cm幅にカット。具をはさむために中央に切り込みを入れる。
❷切り込みの間にバターを塗り、フリルレタスと具をはさむ。具は生ハム、ターキーハム、カマンベール、チェダーチーズ、トマト（塩を振る）。

● 丸ごと焼きリンゴ

［材料］2個分

リンゴ2個（赤みが鮮やかなもの）　バター20g　砂糖大さじ2
シナモンパウダー適量　シナモンスティック1本　白ワイン適量

［作り方］

❶リンゴを真横に半分にカットし、芯をくり抜く。
❷①のカット面に砂糖を大さじ1/2ずつとシナモンパウダーをかけ、バターを5gずつのせる。
❸②をそれぞれカット面を上にして耐熱皿にのせ、白ワインをはる（リンゴの赤みをきれいに保つため）。
❹180℃のオーブンで30分焼く。2個合わせリンゴの形にし、くり抜いた穴に半分にカットしたシナモンスティックをさす。

Table coordinate

ラタン製の足つきトレイを設置するとアフタヌーンティーらしい
少しかしこまったスタイルに。ソーサーとプレートが
一緒になったテニスセットはピクニックに最適です。

CHRISTMAS

merry

クリスマスを心待ちにアドベントを

12月25日の約3週間前から前日までの準備期間中(アドベント)に、ドイツでは毎日少しずつシュトーレンを食べ、クリスマス当日を迎えます。3週間は長いけど5日ぐらいはやってみませんか。シュトーレンによく合うアレンジティーはモルドワインティー。1日の終わりにシュトーレンとモルドワインティーで静かな夜を。そんな夜にもう一つ提案が。「オレンジポマンダー」を作りましょう。幸運を呼ぶお守りとして、クリスマスに友人にプレゼンとするのもいいですね。

TEA

● モルドワインティー：ベースはワインが一般的ですが、今回は誰でも飲めるようにブドウジュースをベースに。お砂糖が多めなので、冷蔵庫で1か月は保存可能。モルドワイン用のスパイスが販売されています(ドイツでは「グリューワイン」、フランスでは「ヴァンショー」と呼ばれ、このセットもOK)。

[材料]（シロップ）
ブドウジュース（果汁100%）1ℓ　砂糖250g（好みで調整）　オレンジ1個
リンゴ1個　スパイス（シナモン・クローブ・ナツメグ）適量

[作り方]
❶オレンジは輪切りに、リンゴはいちょう切りにカット。
❷モルドワインティー用のシロップを作る。鍋にブドウジュース、砂糖、フルーツ、スパイスも入れて火にかけ、沸騰させないように気をつけて約15分煮込む。そのまま一晩おく。
❸お好みの茶葉（おすすめはルフナ、キャンディ）でストレートティーを作る。
❹シロップと紅茶をグラスに注ぐ。割合はお好みで。

POMANDER

抗菌効果の高いスパイス、クローブをフルーツにさしたフルーツポマンダーは、昔は魔除けや病気予防に使われていました。クローブをさすと抗菌効果からフルーツは腐りません。乾燥させてクローゼットにあるいはインテリアに。フルーツはオレンジ、レモンが一般的です。病気予防効果からか幸運を呼ぶお守りといわれています。

作っている途中の
ポマンダー。

Table coordinate

ロイヤルコペンハーゲンの「スターフルーテッド」で
100%クリスマスを演出しましたが、
準備期間中ですから好きなカップを使ってももちろんOKです。

Queen

美しいヨーロッパの王妃を想って

STORY TABLE

きっと名前はお聞きになったことがあるでしょう、4人の女性の人生に想いをめぐらし、アフタヌーンティーを演出してみました。

お茶を楽しむお茶会を、より優雅な時間にしてくれるのがテーブルの演出です。ストーリーテーブルでお茶会を演出してみました。

今回は、よく知られている4人のヨーロッパの歴史上の女性をお茶会にお招きしました。

キャサリン（イギリス王妃）

イギリスに「茶」を持ち込んだのは、チャールズ2世の王妃、ポルトガルのキャサリン・オブ・ブラガンザでした。輿入れの際に持参したのが、当時としては最高に高価だった茶、砂糖、そして茶道具。1662年でしたから、茶は緑茶でしょうか。茶道具は取っ手のない「ティーボウル」。キャサリン王妃が催す宮廷茶会に多くの貴族が憧れを抱くようになりました。

ヴィクトリア（イギリス女王）

64年の在位中に紅茶文化が確立したといえるでしょう。多くの美しい英国陶磁器が誕生し、各地から様々な紅茶が集まり、アフタヌーンティーの習慣も生まれて広く普及。女王自身も紅茶をいただく時間を大切にしたそうです。

エリザベート（オーストリア皇后）

ヨーロッパ宮廷一美しい皇后と謳われたエリザベート、愛称シシー。その美貌とスタイルを保つために過酷なダイエットをしていましたが、お菓子には目がなかったそう。そんな皇后を想って…。

マリーアントワネット（フランス王妃）

贅沢な暮らしをしていたマリーアントワネットですが、自然を愛し、素朴で可憐な草花が大好きでした。食器の柄としては格式が低かった野に咲く花の柄の食器を多数オーダーしたとか。また、当時のヨーロッパで随一の日本の漆器コレクターだったことは、あまり知られていませんね。

ティーボウル（1755～1775年のウースター）・ティーポット純銀（1891年 シェフィールド製）・サルヴァ純銀（1902年 ロンドン製）：アンティークショップ「ティアドロップ」

イギリスに喫茶の習慣を持ち込む
-キャサリン王妃-

カップは取っ手のないティーボウルで、受け皿に移し、冷まして飲む習慣が生まれました。お砂糖はたっぷり入れて、当時のお茶のお供は、薄切りのパンにバターをつけたものだったとか。写真のティーボウルはイギリス製のものですが、まだ西洋で磁器が作られていなかったキャサリンの時代は、中国や日本の湯呑みが使われていました。

最愛の人を失う悲しみをなぐさめる ヴィクトリア女王

ヴィクトリア女王は、当時の王室には珍しくドイツのアルバート公に一目ぼれした恋愛結婚でした。しかし42歳でアルバート公は亡くなります。嘆き悲しみに暮れるヴィクトリア女王を慰めたのが、ヴィクトリアサンドイッチケーキでした。人目を避けて暮らしていた女王が公務に復帰する際に、周囲の人々が開いたパーティーで供されたとか。出発を応援してくれるケーキに、女王の名がついたへレンドのカップでテーブルをコーディネートしてみました。

TEA

- カップティー：キームンはヴィクトリア女王の誕生日に献上されたお茶。現在でもイギリス王室で愛されていて、ラズベリージャムとの相性もよい。

カップは「ヴィクトリアブーケ」

FOOD

ヴイクトリアサンドイッチケーキは素朴なのにリッチ。今でも最も親しまれているティータイムの定番ケーキです。スポンジケーキの間にラズベリージャムをはさみますが、私はレモンカードも好きです。スポンジケーキは市販のものを使いましたが、どうぞホームメイドを楽しんでください。

［作り方］
❶スポンジケーキを横半分にカットし、ジャムを塗る（本格的には2枚焼きジャムをはさむ。サンドイッチスタイルなので、サンドイッチの名前がついている）。
❷上に粉砂糖をたっぷり振る。

レモンカードはイギリス生まれのスプレッド。レモンに卵、バターが加わるので濃厚な味わい。

Table coordinate

ヴィクトリア女王が気に入ってオーダーしたことから、

「ヴィクトリアブーケ」と名づけられます。無名だったハンガリーの窯ヘレンドの人気が高まりました。

ヴィクトリア女王が好きだったバラをあしらって。

紫が大好きだった -エリザベート皇后-

紫色とスミレのデザインが印象的なエインズレイの「イングリッシュバイオレット」でコーディネートをしてみました。お菓子はシシーが好きだった「スミレの砂糖漬け」。シシーはヴァイスコーヒーを好んだと伝えられていますが、美と健康を気遣ってか、紅茶やハーブティーもよく飲んでいました。今回の紅茶はエリザベートを想ってハーブティーに。

野の花を愛する可愛い女性 -マリーアントワネット王妃-

マリーアントワネットが好きだった青と緑と紫でコーディネート。カップは、マリーアントワネットがセーブル窯にオーダーした小花模様のレプリカ（ロワイヤルリモージュの「マリーアントワネット」）。彼女が大好きだったお菓子「キプフェルン」（クロワッサンの原型）を想い、クロワッサンラスクを黒の漆のお皿にのせて。紅茶は焼き菓子にも合うディンプラを選びました。

おわりに

「Tea Magazine」という情報サイトを作ったのが6年前になります。紅茶に関する様々な情報を、紅茶ファンが増えてくれればと願い発信してきました。今では多くの方が見てくださっているようで、とてもうれしく、また、新たに一歩前進をしなくてはと考えていたところに、本書を出すお話をいただき、うれしさとともに緊張をしました。

上手に紅茶を淹れられるようになるには、ちょっとだけコツを知っていることが大切です。そしてティーフードと紅茶の相性も知っていれば、さらに紅茶の時間は楽しくなります。紅茶がもたらすハッピーな時間を本書を通じてお届けすることができたら、こんなにうれしいことはありません。

――安達由香里

I love tea!

本書の出版を機に、紅茶のよさをもっと多くの方に広めていきたく、私自身もさらなる経験を積んでいく所存です。イベントや紅茶グッズの販売も模索しております。「Tea Magazine」からお知らせをしていきますので、どうぞよろしくお願いします。
「Tea Magazine」 https://tea-magazine.net/

Thank you , a nice cup of tea.

Staff

編　集　森下 圭　Kei Morishita
松崎みどり　Midori Matsuzaki

撮　影　武井優美　Yumi Takei（スタジオ アイランド）
武井里香　Rika Takei（スタジオ アイランド）

デザイン　KUMANOKO STUDIO

ティーフード考案・調理　上甲有喜江　Yukie Joko

撮影協力　「アンティーク　ティアドロップ」
東京都中央区銀座5丁目1番地　銀座ファイブ2階

おうちで楽しむための　アフタヌーンティーLESSON
プロが教える「心満たすお茶会」のコツ

2020年11月1日　第1版・第1刷発行
2021年9月15日　第1版・第3刷発行

監修者　安達 由香里（あだち ゆかり）
発行者　株式会社メイツユニバーサルコンテンツ
代表者　三渡 治
〒102-0093東京都千代田区平河町一丁目1-8
印　刷　三松堂株式会社

ISBN978-4-7804-2383-9 C2076 Printed in Japan.

ご意見・ご感想はホームページから承っております
ウェブサイト　https://www.mates-publishing.co.jp/

編集長：折居かおる　副編集長：堀明研斗　企画担当：清岡香奈